節税プランの良し悪しと
決断力の有無で大きく分かれます

公認会計士・税理士 鹿谷哲也(しかたに)

新評論

はじめに ●●●

　私は処女作の「相続対策失敗事例集」を唯一の例外として、今まで一貫して不動産オーナーに関する本を書いてきました。例えばベストセラーとなった「家主さん、地主さん、もっと勉強して下さい！」を始めとして、「アパマン経営・節税テクニック　これがすべてです！」や前回作の「アパマンも法人経営の時代です！」といったようにほとんどがアパマン経営に関するものです。

　その理由は簡単です。サラリーマン時代を含めてかなりの時間をそうした仕事に費やしてきたからです。税理士ならいざ知らず公認会計士がこうした分野に特化して仕事人生の大半を費やしてきたというのも非常に珍しいのではないかと思いますが、恐らくこの仕事が私の性分に合っているのでしょう。

　ところで今回の本のタイトルは最終的に「**繁栄する大地主　衰退する大地主**」となりましたが、このタイトルに行きつくまでに相当の時間を要しています。最初は「**失敗できない大地主のための相続・事業承継対策**」といったありふれたタイトルだったのですが、どうも気に入らず折りに触れて考え続けていました。

　そうした日々が1年以上続いたでしょうか、ある日、突然この言葉が浮かんだのです。この言葉が意味することはそれほど難しくはありません。要するに人生の様々な場面において適切な意思決定をすれば「**繁栄**」の道を歩むことができるが、反対に間違った意思決定をすると「**衰退**」へと突き進んで行くことになるということです。

実は最近、古くからお付き合いのあるお客様から事業承継について相談を受ける機会が増えてきたのです。一人や二人ではありません。当初は父親の相続対策とか土地活用の相談だったのが、相続が発生した結果、今度はその方ご自身の事業承継に関する相談を受けるようになったのです。

　こうした方々はご相談いただいた当時の様々な課題を解決すべく私の思い切った提案にご両親ともどもご賛同いただき、結果、経済的にも特に不自由のない安定した生活を送られています。

　一方で我々の提案を実行されずにそのままお蔵入りになった事例も同じぐらいあります。こうした方々は残念ながら課題を解決できずに爆弾を抱えたまま今日を迎えています。

　こうしたことをつらつら考えていた時に上記の言葉がふと浮かんだというわけです。要するに人生において重要な決断をできたか否かによって、その後の人生が大きく変わるということです。

　特に大地主の場合には莫大な相続税が待っています。本文の第4章に詳しく書いておりますが、これへの対応次第で繁栄か衰退かが決まってしまうと言っても過言ではありません。

　ところで、この本では前半と後半の2つに分け、前半では衰退の原因と繁栄のためにやるべきこと、ということで私なりに分析して感じたこととか実際にやっていることをできるだけ実務に即してまとめておきました。

　そして後半では土地活用とか不動産投資に当たっての注意点等、不動産オーナーが取り組む上で重要な8つのテーマについて詳しく解説しております。

以下、各章毎にその論点を簡単にまとめておきました。全体構成を把握するためにも最初に目を通しておかれることをお勧めいたします。

第一部　衰退の原因と繁栄のためにやるべきこと

第1章　「衰退」の原因

　「衰退」するにはそれなりの原因があります。個人では対処が難しいマクロ経済とか国政に起因するもの、不動産オーナーにとってあまりにも過酷な税金に起因するもの、不動産オーナー個人に起因するものなどです。「繁栄」のためにはこうした「衰退」の原因をシッカリと理解しておくことが大切です。

第2章　「繁栄」のためにやるべきこと

　「繁栄」のために最も大切なことは後継者へのスムーズな事業承継です。そうは言っても具体的に何をすればいいのか分からないという方が多いのではないでしょうか？　そこで我々の事務所で実際に行なっている様々な方法についてできるだけ詳しく紹介しておきました。

第二部　繁栄か衰退か、カギを握る８つのテーマ

第3章　①手遅れにならないための家族信託による認知症対策

　日本は世界でも有数の超長寿社会に突入しています。それはそれで嬉しい反面、歳を取るとどうしても認知症になる確率が高くなります。そして認知症になると、その瞬間から相続税対策なるものは一切できなくなります。そこで、それを防止するため現在急速に普及している家族信託について、その概要を紹介しておきました。

第4章　②本当に怖いのは"借入金"ではなく"相続税"です！

　よく、「相続税が高いといっても全部持っていかれるわけではない。変に借金してアパートなんか建てるより、お国のために納税したほうがいい。」などとおっしゃる方がいらっしゃいますが、そういう方は恐らく多額の相続税を納税した経験がないのだと思います。この章では相続税がいかに大変か、通常の借入金と比較して詳しく解説しておきたいと思います。

第5章　③始める前に押えておきたい土地活用Q&A

　相続税対策の王道はやはり土地活用です。このあまりにも一般化した土地活用ですが、失敗しないためのポイントはいくつもあります。様々な検討項目に関してＱ＆Ａ形式でかなり詳しく解説しておきました。始めてしまってからでは後の祭り、一通り目を通されることをお勧めいたします。

はじめに

事業承継に直接関係のないテーマについては大地主さんでなくても十分にお役に立てる内容となっています。特に第二部については**全ての地主さん**に関係のあるものばかりです。ジックリとお読みいただければ幸いです。

第6章　④意外と効果のある収益不動産購入による相続税対策

　タワーマンションの購入で一躍有名になった不動産投資ですが、これほど相続税対策になる方法もそれほどありません。何しろ投資するほどに相続税が安くなるのです。ただし、失敗しないためには当然ながらいくつもポイントがあります。ジックリと読んでみて下さい。

第7章　⑤最近はやりの法人化対策あれこれ

　以前は法人化と言えば不動産を管理または所有するだけでしたが、最近は応用編ともいうべき様々なやり方が登場してきました。この章では最近はやりの法人化に関して具体例を挙げて解説しておきましたので参考にして下さい。

第8章　⑥共有不動産、こうして解消しなさい！

　どんな本を読んでもネットで検索しても不動産の共有に関して否定的に書かれていますし、また専門家も同じことを言います。しかしながら共有にもメリットもあるのです。そこでこの章ではそうした事例をいくつか挙げて解説しておきました。ただし一般的には共有状態はよくないので、その解消方法についても解説しておきました。

第9章　⑦こんな手もある貸地の解決法

　貸地は一般に不良資産と言われているとおり様々な問題を抱えています。そこで、どうしたらそれらの難題を解決できるのかについて一般的な方法に加えて、少し変わったやり方についても紹介しておきましたので参考にして下さい。

第10章　⑧税務調査に来させない非常に簡単な2つの方法

　税務調査ほどイヤなものはありません。できれば調査対象には選ばれたくないというのが大方の一致するところではないでしょうか？　そうした方々のために相続税に焦点を当て、税務調査に来させないための非常に簡単な2つの方法について紹介しておきましたのでご関心のある方はお読み下さい。

　この本を書くのに1年半以上もかかりましたが、内容的には満足しています。今まで30年以上に亘って実践してきた数多くの実例を基に書き上げました。この本が皆様方にとって「繁栄する大地主」への道標になれれば幸いです。

　平成29年2月

公認会計士・税理士　鹿谷哲也
　　　　　　　　　　しかたに　てつや

繁栄する大地主 衰退する大地主

目次

はじめに ……………………………………………… i

第一部：衰退の原因と繁栄のためにやるべきこと

第1章　「衰退」の原因 ……………………………… 1

1. 個人では対処が難しいマクロ経済とか国政に起因するもの …… 4
   - ①バブルの発生・崩壊 ……………………………… 4
   - ②少子・高齢化の波 ………………………………… 6
2. あまりにも過酷な不動産オーナーの税金に起因するもの …… 8
   - ①時の経過と共に増えていく所得税と相続税 ……… 9
   - ②各種の節税封じ …………………………………… 17
3. マンションの寿命と人間の世代間隔のズレに起因するもの … 18
4. 不動産オーナー個人に起因するもの ………………… 23
   - ①財産を平等に分けた ……………………………… 23
   - ②借金がイヤで思い切ったことができない ……… 25
   - ③親が相続対策に反対する ………………………… 29
   - ④後継者がいない …………………………………… 30

第2章　「繁栄」のためにやるべきこと ……………… 33

1. 最も大切なことはスムーズな事業承継です！ ……… 35
   - ①そもそも事業承継とは？ ………………………… 35
   - ②大地主さんの事業承継とは？ …………………… 40

③まずはジックリ現状分析から ・・・・・・・・・・・・ 45
　　　④いろいろある不動産オーナーの後継者教育 ・・・・・・・ 57
　2. 最低限、守ってほしい3つのこと ・・・・・・・・・・・ 64
　　　①早い段階から事業承継について家族で話し合うこと ・・・ 64
　　　②脱税は絶対にしないこと ・・・・・・・・・・・・・・ 66
　　　③何代にも亘って指導を仰ぐ会計専門家を雇うこと ・・・・ 67
　Coffee break―若い税理士の成り手が減っているのをご存じですか？ ・・ 70

第二部：繁栄か衰退か、カギを握る8つのテーマ

第3章　衰退の一因　手遅れにならないための ・・・・・・・・ 73
家族信託による認知症対策

　①家族信託とは？ ・・・・・・・・・・・・・・・ 75
　②認知症になったら何もできなくなる！ ・・・・・・ 75
　③家族信託の概要と現時点での課題・問題点 ・・・・ 77

第4章　衰退の一因　本当に怖いのは"借入金"ではなく ・・・・・ 81
"相続税"です！

　1. 本当に怖いのは不動産経営における借入金ではなく、
　　 見返りのない相続税です ・・・・・・・・・・・・・・・ 83
　2. 間違えると怖い「テコの原理」 ・・・・・・・・・・・・ 90
　3. 意外と難しいマンション経営による三世代相続 ・・・・・ 94
　4. 借金しない方法もある ・・・・・・・・・・・・・・・・ 97
　　　①もともと金融資産がタップリあるケース ・・・・・・・ 98
　　　②一部の土地を売却して賃貸物件を建設するケース ・・・ 99

③立地条件の悪い物件を売却して都心の物件に買い換えるケース・・・ 100

④一部の土地を売却して広大地評価を受けられる土地に ・・・ 101
　買い換えるケース

⑤その他　　　　　　　　　　　　　　　　　　　　　　102

第5章　繁栄の一策　始める前に押さえておきたい**土地活用Q&A**　105

1. そもそも「土地活用」とは？ ・・・・・・・・・・・・・・・ 107
2. 何を建てるか？ ・・・・・・・・・・・・・・・・・・・・ 108
　　①アパートか、戸建て貸家か？ ・・・・・・・・・・・・・ 108
　　②アパートか、マンションか？ ・・・・・・・・・・・・・ 111
　　③マンションか、貸ビルか？ ・・・・・・・・・・・・・・ 113
　　④介護施設、医療施設はどうか？ ・・・・・・・・・・・・ 115
　　⑤保育園はどうか？ ・・・・・・・・・・・・・・・・・・ 119
　　⑥その他の建物は？ ・・・・・・・・・・・・・・・・・・ 123
3. 建物のグレードは？ ・・・・・・・・・・・・・・・・・・ 124
4. 誰が建てるか？ ・・・・・・・・・・・・・・・・・・・・ 127
5. 建設会社はどうやって見つけるのか？ ・・・・・・・・・・ 133
6. 建築資金はどうする？ ・・・・・・・・・・・・・・・・・ 135
　　①自己資金か、借入か？ ・・・・・・・・・・・・・・・・ 135
　　②民間の金融機関か、公的金融機関か？ ・・・・・・・・・ 140
　　③固定金利か、変動金利か？ ・・・・・・・・・・・・・・ 143
　　④返済期間は何年がいいか？ ・・・・・・・・・・・・・・ 149
　　⑤元利均等か、元金均等か？ ・・・・・・・・・・・・・・ 151
7. 建て替える時期は？ ・・・・・・・・・・・・・・・・・・ 154
8. 気を付けたい複数のアパートを建築するケース ・・・・・・ 158

第6章 繁栄の一策 意外と効果のある不動産購入による相続税対策　167

- 1. 相続税対策としての収益不動産の購入　169
  - ①相続税対策として収益不動産を購入する理由　169
  - ②こんなに大きい相続税の節税効果　174
- 2. どんな物件を購入すべきか？　176
  - ①一般の投資物件と相続税対策としての投資物件との大きな違い　176
  - ②なぜ区分所有マンションは時価と相続評価に乖離があるのか？　182
  - ③海外不動産は効果があるのか？　192
  - ④広大地評価を適用できる不動産もお勧め　200
  - ⑤タワーマンションは利回りが大切　200
- 3. 相続後に転売か継続保有か？　203

第7章 繁栄の一策 最近はやりの法人化対策あれこれ　207

- 1. 賃貸物件を法人で管理または所有する方法　209
  - ①不動産管理会社と不動産所有会社の主な相違点　210
  - ②所得分散効果の比較　212
- 2. 法人化と相続税の納税資金の準備を同時に達成する方法　217
  - ①父親が直接、法人に売却すると増税になってしまう！　217
  - ②いったん子供に贈与した後、法人に売却する　218
- 3. 法人を使って負担付贈与と同じことを実現する方法　222
  - ①バブル時代に流行した負担付贈与とは？　222
  - ②法人を使った負担付贈与の仕組み　223
  - ③金融資産のままでは多額の相続税が！　225
- 4. 封じ込められた消費税還付スキームに対応する方法　227
  - ①本来は還付請求できないアパマンの消費税　227

②今や懐かしい自販機設置作戦 ・・・・・・・・・・・・・・・・・・・・ 228

③改正により封じ込まれた消費税還付の仕組み ・・・・・・・・・ 229

④改正による歯止め措置への対応策 ・・・・・・・・・・・・・・ 230

5. 一般社団法人を家族信託の受託者として不動産を管理する方法・・ 231

①法人を家族信託の受託者にしたほうが良い理由 ・・・・・・ 231

②様々ある法人の種類と特徴 ・・・・・・・・・・・・・・・・・ 232

③法人の中では一般社団法人がお勧め ・・・・・・・・・・・・ 236

④一般社団法人を運営するに当たっての注意点 ・・・・・・・ 238

第8章 衰退の一因 共有不動産、こうして解消しなさい！ ・・・・ 239

1. 意外と多い不動産の共有 ・・・・・・・・・・・・・・・・・・・・・ 241

①なぜ、共有が多いのか？ ・・・・・・・・・・・・・・・・・・・ 241

②共有のメリット ・・・・・・・・・・・・・・・・・・・・・・・・ 244

2. 共有を単有にする具体的方法 ・・・・・・・・・・・・・・・・・ 248

①税務上の「交換」の特例を使って単有にする方法 ・・・・・ 248

②一つの土地を共有者で分割登記する方法 ・・・・・・・・・ 255

3. 区分所有マンションを建て、持分に応じて取得する方法 ・・・ 257

第9章 衰退の一因 こんな手もある貸地の解決法 ・・・・・・・・・ 261

1. こんなにある貸地の問題点 ・・・・・・・・・・・・・・・・・・・ 263

①収益性が低い！ ・・・・・・・・・・・・・・・・・・・・・・・ 263

②相続評価額が高い！ ・・・・・・・・・・・・・・・・・・・・ 272

③流動性が低い！ ・・・・・・・・・・・・・・・・・・・・・・・ 275

④管理が大変！ ・・・・・・・・・・・・・・・・・・・・・・・・ 275

xi

2. 貸地の解決、よくある5つの方法 278
　①借地人に底地を買い取ってもらうという方法 278
　②地主が借地権を買い戻すという方法 281
　③底地と借地権を共同で売却するという方法 283
　④底地と借地権を等価交換するという方法 288
　⑤貸地を底地買取業者に売却するという方法 290
3. こんな手もある貸地の解決法 292
　①借地人がマイホームを建てて住んでいるケース 292
　②マンションを建てる予定だが、立ち退きを拒否されているケース ... 296

第10章 衰退の一因 税務調査に来させない非常に簡単な2つの方法 ... 303

　①こんな申告書が税務調査の対象になりやすい！ 305
　②税務調査に来させない非常に簡単な2つの方法 308

第一部

衰退の原因と繁栄のためにやるべきこと

第1章

「衰退」の原因

> 「衰退」するとは聞き捨てならない。シッカリと勉強して対策を練らないと！

私の事務所は不動産オーナーの経営サポートに特化しているのでよく分かるのですが、不動産賃貸業というのは借金の返済と税金の支払いに追われているというのが実態です。
　特に大地主の場合には借金の返済が進むにつれて所得税とか相続税がウナギ登りに増えていきますのでシッカリと対策を実行しないと大変なことになっていきます。
　この章では私が数十年に亘ってお客様と向き合い、様々な課題を解決する中で感じた「衰退」の原因についてまとめておきました。
　皆様方も、ここに書いてあることを真剣に勉強され、大地主であることの意味を再考されることをお勧めします。
　非常に大変ではありますが、解決策のない問題はこの世に存在しません。ご家族の皆様が力を合わせ努力することができれば必ずや一族を「繁栄」の軌道に乗せることができるでしょう。

「衰退」の原因を様々な角度から明らかにしておりますので、先ずはシッカリと勉強して下さい。

この本では第1章からいきなり「衰退する大地主となる原因」について解説することにしました。
　今は「繁栄」している大地主であってもチョットの油断で「衰退」する大地主の仲間入り、ということもあるからです。そこで先ずは衰退の原因についてシッカリと勉強しておきましょう。ここでは大きく次の4つに分けて解説しておくこととします。

<「衰退」の原因>

①個人では対処が難しいマクロ経済とか国政に起因するもの

②あまりにも過酷な不動産オーナーの税金に起因するもの

③マンションの寿命と人間の世代間隔のズレに起因するもの

④不動産オーナー個人に起因するもの

第1節 個人では対処が難しいマクロ経済とか国政に起因するもの

　最初は個人では対処が難しいマクロ経済や国政に起因するものです。ここではバブルの発生・崩壊と少子・高齢化を挙げておきます。

　前者は高騰する相続税を納税するために結果として土地を減らすことになるという理由です。そして後者の少子・高齢化は空室の増加で不動産経営が困難になっていき結果として規模を縮小せざるを得なくなるというのがその理由です。

1 バブルの発生・崩壊

　私はこれまで30年以上に亘って不動産オーナーの経営サポートに特化してやってきたのですが、長年こうした仕事に携わっていると実に様々な経験をします。その中でも特に大きな影響を与えたのがバブルの発生と崩壊です。

　今でも鮮明に覚えておりますが、勤務していた証券会社のビルがあった日本橋では2年続けて路線価が2倍になりました。2年続けて2倍ということは土地の評価額が4倍になることを意味します。評価額が4倍になると相続税は累進課税ですから相続税はそれ以上に上昇します。

　これがどういう影響を与えたのか、簡単な事例で解説しておきます。次の「**バブルにより急減する土地の面積**」という表をご覧下さい。

第1章 「衰退」の原因

<バブルにより急減する土地の面積>

項　目	バブル発生前	バブル発生後
所有地の面積	1,000 ㎡	1,000 ㎡
路線価／㎡	100 万円／㎡	400 万円／㎡
土地評価額	10 億円	40 億円
相続税額	2 億円	20 億円
納税後の土地面積	800 ㎡	500 ㎡

　この表はバブルが発生する前に相続が起きた場合とバブルの発生後に相続が起きた場合のそれぞれについて、所有地の面積がどのように変わってくるのかを比較したものです。

　まず路線価ですが、バブルにより1㎡当たり100万円だったのが4倍の400万円になったとします。所有地の面積を1,000㎡と仮定しておりますので土地の評価額は10億円が40億円になります。

　これに対する相続税を仮にバブル発生前は2億円（平均税率20％）、発生後は20億円（平均税率50％）とすると、相続税納税後の土地の面積はそれぞれ800㎡、500㎡となります（物納のケース）。

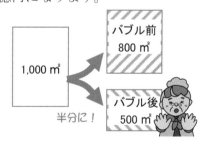

　バブルが起きなければ200㎡の減少で済んでいたのが、バブルにより土地の面積が半分になったというわけです。

　それでも、この事例のように土地を物納した人や土地を売却して現金で一括納付した人なら土地の半分程度は残ったのでまだ良かったのですが、延納した人は悲惨です。

どういうことかと言うと、取りあえず延納しておき土地が売却できた時点で現金納付しようとした方がかなりあったようですが、その後のバブル崩壊で土地の値段は下がる一方、思ったような価格ではなかなか売れません。

だからといって延納税額はバブル時の価格で算定されていますので土地の値段が下がったからといってまけてくれるわけではありません。こうしたことから延納を選択した方はほとんどの土地が無くなったのではないでしょうか？

② 少子・高齢化の波

次のグラフをご覧下さい。これは国立社会保障・人口問題研究所による「日本の将来推計人口」をグラフ化したものです。

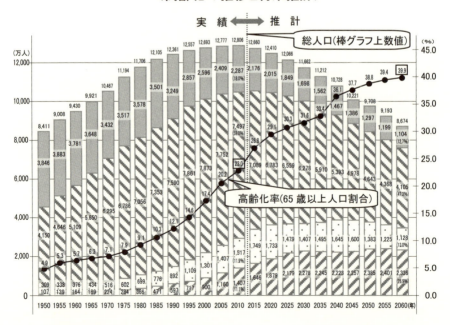

〈高齢化の推移と将来推計〉

これによりますと、19歳以下の年少人口と20歳から64歳の生産年齢人口が著しく減少する一方で、65歳以上の老年人口が増加するとの予想です。

少子化の原因としては未婚率の上昇、晩婚化、晩産化などが挙げられ、一方の高齢化の原因としては医療技術の発達による平均寿命の延びが挙げられています。

総人口が減っても単身者などの世帯数が増加すれば空室は増えませんが、世帯数自体がこれからはかなりの勢いで減少していきます。

これではマズイということで保育園の待機児童数を減らす対策であるとか保育士の待遇改善に取り組んではいるのですが、もう少しペースアップできないものかというのが不動産オーナーの正直な気持ちではないでしょうか。

にもかかわらず最近は人口を増やす政策に対して条件反射的に反対する国民が多いように見受けられますが、どういうつもりでしょうか。

街に活気が！

若い人が増えないと労働力不足は当然として税収アップも望めませんし、それよりも何よりも街に活気が出ません。ペットとロボットばかりが街を闊歩する世の中になるのでしょうか。

私には子供が4人いて学校の運動会を見に行くのが楽しみだったのですが、若い人が元気に走り回ったり騎馬戦などをしているのを見ると、本当に心の底から嬉しくなります。

特にリレー競技が好きでした。中高一貫校の場合、中学1年から高校3年までの6学年から選抜された各学年2人ずつ合わせて1チーム12人の選手が次々とバトンを受け渡し疾走する姿は感動すら覚えます。

今は全員高校を卒業したので残念ながら運動会からは遠ざかってしまったのですが、大学でアメフトをやっている子供がいるので、それを見るのが楽しみの一つになっています。

　いずれにしても何が何でも子供の数を増やさないとダメです。とにかく国にとっても子供は宝なのだということを今一度認識する必要があります。
　チョット興奮して本題からはずれてしまいました。この辺で止めます。

第2節　あまりにも過酷な不動産オーナーの税金に起因するもの

　不動産はご承知のように取得時点では登録免許税や印紙税、不動産取得税等の税金がかかりますし、保有している時は毎年、固定資産税や不動産所得に係る所得税がかかります。
　また売却したときには譲渡所得税、贈与したときには贈与税、相続したときには相続税がかかります。

　このように不動産には状況に応じて様々な税金がかかるわけですが、ここでは大地主にとって特に大変な毎年の所得に係る所得税と相続税について解説しておくこととします。

所得税と相続税

1 時の経過と共に増えていく所得税と相続税

　私は以前より不動産賃貸業においては特に所得税と相続税が時の経過と共にドンドン増えていく仕組みになっているので、それへの対応策を早急に構築していかないと大変なことになるということを様々な媒体を通して指摘してきました。

　これについては非常に重要なテーマなので最新の情報を織り込みながら再度解説しておきたいと思います。

時の経過と共に「所得税」が増加していくワケ

　所得税というのはご承知のとおり累進課税ですから不動産所得が増えればそれ以上に増加していきます。逆に不動産所得が減ればそれ以上に減少していきます。

　そこで、まず最初に不動産所得が果たして時の経過に共に増えていくのかどうか検証する必要があります。

　不動産所得というのは家賃収入から経費を差し引いて求めます。したがって不動産所得が増えるケースとしては次の3つしかありません。

```
＜不動産所得が増える3つのケース＞

①家賃収入が増えて経費が減るケース

②家賃収入の増え方が経費の増え方よりも大きいケース

③家賃収入の減り方が経費の減り方よりも小さいケース

　　※片方が一定というケースは除外
```

高度成長時代とかバブルの時代には中古物件であろうと家賃を上げることは、それほど難しいことではありませんでした。
　ところが、これからの日本は少子・高齢化という流れの中にありますので、この流れを大きく反転させることは難しいと思われます。
　実際に空室物件が増加の一途を辿っていますので家賃がアップしていく可能性はかなり低いのではないでしょうか。

> ※貸ビル等の業務系の物件はその時々の経済状況により家賃が上下に大きく変動します。現在は空室率の低下と共に場所によってはかなり上昇しています。

　したがって上記で挙げた3つのケースのうち、①と②は現実的ではありませんので、ここでは③のケースについて具体的に検証してみたいと思います。

　③は「**家賃収入の減り方が経費の減り方よりも小さいケース**」というものですが、経費のうち修繕費は建物とか附属設備が古くなってくるとどうしても増加せざるを得ません。

修繕費はどうしても増える

　それなのに全体としての経費が減るということは修繕費以外の経費がウンと減少する必要があります。修繕費以外の経費というと、すぐに思いつくのが支払利息と減価償却費です。そこで、これらの経費がどのように推移するのか見ていきましょう。

まず**支払利息**ですが、支払利息というのは借入金残高に利率を掛けて求めますので借入金の返済と共に減少していきます。そこで私も今までは支払利息の減少を不動産所得が増える主な理由としてきました。

　ところが最近の異常な低金利により、この理屈が通らなくなってきたのです。次ページの「**不動産賃貸業における収支計算**」をご覧下さい。これは新規にアパートを建てた場合の収支を計算したものです。

　支払利息の欄を見ますと、1年目は981千円となっています。ここでは金利を1％として計算していますが、これより低い金利も現実にはありますので、その場合にはもっと少なくなります。

　それではここで右側にある減価償却費の欄をご覧下さい。5,100千円となっています。それに比べると支払利息は5分の1にもなりません。なんと可愛らしい数値でしょう。確かに毎年少しずつ減少はしていますが、以前のような存在感は全くありません。

　このように<u>支払利息は仕組み上、時の経過と共に少なくなってはいくが、修繕費の増加を打ち消すほどの影響力は無くなりました</u>。

支払利息は最近の超低金利で影響力は無くなった

＜不動産賃貸業における収支計算＞

(単位：千円)

年次	家賃収入	金利	支払利息	減価償却費	その他経費	合計	不動産所得	税金	借入金返済額	手取収入(※)
1年目	10,000	1.000%	981	5,100	1,700	7,781	2,219	346	3,333	3,640
2年目	9,950	1.000%	948	5,100	1,722	7,769	2,181	339	3,333	3,609
3年目	9,900	1.000%	914	5,100	1,743	7,758	2,142	331	3,333	3,578
4年目	9,851	1.000%	881	5,100	1,766	7,747	2,104	323	3,333	3,547
5年目	9,801	1.000%	848	5,100	1,789	7,737	2,065	315	3,333	3,516
6年目	9,752	1.000%	815	5,100	1,813	7,727	2,025	308	3,333	3,484
7年目	9,704	1.000%	782	5,100	1,837	7,718	1,986	300	3,333	3,453
8年目	9,655	1.000%	748	5,100	1,861	7,710	1,946	292	3,333	3,421
9年目	9,607	1.000%	715	5,100	1,886	7,702	1,905	286	3,333	3,386
10年目	9,559	1.000%	682	5,100	1,912	7,694	1,865	280	3,333	3,352
11年目	9,511	1.000%	649	5,100	1,938	7,687	1,824	273	3,333	3,317
12年目	9,464	1.000%	616	5,100	1,965	7,681	1,783	267	3,333	3,282
13年目	9,416	1.000%	582	5,100	1,993	7,675	1,741	261	3,333	3,247
14年目	9,369	1.000%	549	5,100	2,021	7,670	1,699	255	3,333	3,211
15年目	9,322	1.000%	516	5,100	2,049	7,665	1,657	248	3,333	3,175
16年目	9,276	1.500%	727	3,700	2,079	6,506	2,770	456	3,333	2,680
17年目	9,229	1.500%	677	3,450	2,109	6,236	2,993	501	3,333	2,609
18年目	9,183	1.500%	627	3,450	2,140	6,217	2,967	496	3,333	2,588
19年目	9,137	1.500%	577	3,450	2,171	6,198	2,939	490	3,333	2,566
20年目	9,092	1.500%	527	3,450	2,203	6,180	2,912	485	3,333	2,544
21年目	9,046	1.500%	477	3,450	2,235	6,163	2,884	479	3,333	2,521
22年目	9,001	1.500%	427	2,550	2,269	5,246	3,755	699	3,333	2,273
23年目	8,956	1.500%	377	0	2,303	2,680	6,276	1,455	3,333	1,487
24年目	8,911	1.500%	327	0	2,338	2,665	6,246	1,446	3,333	1,467
25年目	8,867	1.500%	277	0	2,373	2,651	6,216	1,437	3,333	1,445
26年目	8,822	1.500%	227	0	2,410	2,637	6,185	1,428	3,333	1,424
27年目	8,778	1.500%	177	0	2,447	2,624	6,154	1,419	3,333	1,402
28年目	8,734	1.500%	127	0	2,485	2,612	6,122	1,409	3,333	1,380
29年目	8,691	1.500%	77	0	2,524	2,601	6,090	1,399	3,333	1,357
30年目	8,647	1.500%	27	0	2,563	2,590	6,057	1,389	3,334	1,334
31年目	8,604	0	0	0	2,604	2,604	6,000	1,373	0	4,628
32年目	8,561	0	0	0	2,645	2,645	5,916	1,347	0	4,569
33年目	8,518	0	0	0	2,687	2,687	5,831	1,322	0	4,509
34年目	8,475	0	0	0	2,730	2,730	5,745	1,296	0	4,449
35年目	8,433	0	0	0	2,774	2,774	5,659	1,270	0	4,389
36年目	8,391	0	0	0	2,819	2,819	5,571	1,244	0	4,328
37年目	8,349	0	0	0	2,865	2,865	5,484	1,217	0	4,266
38年目	8,307	0	0	0	2,912	2,912	5,395	1,191	0	4,204
39年目	8,266	0	0	0	2,960	2,960	5,306	1,164	0	4,142
40年目	8,224	0	0	0	3,009	3,009	5,215	1,137	0	4,078
累計	363,360	—	16,882	100,000	90,650	207,532	155,828	31,972	100,000	123,856

(※)手取収入＝家賃収入－(支払利息＋その他経費＋税金＋借入金返済額)

　それでは再度、**減価償却費**の欄をご覧下さい。1年目から15年目までは同額の5,100千円が続いていますが、16年目から減少に転じています。これは建物附属設備の償却が終わり建物本体の償却費だけになったからです(建物附属設備の耐用年数は平均すると約15年です)。

そして、23年目以降はゼロとなっていますが、これは木造建物の法定耐用年数が22年だからです。

この事例では「その他経費」を毎年少しずつ増やしていますが、減価償却費がゼロになったことにより23年目の不動産所得は前年の3,755千円から6,276千円へと急増しています。その結果、税金も699千円から1,455千円に倍増です。

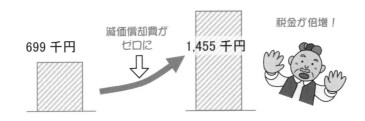

ただし、よく見ると23年目をピークに24年以降、少しずつ不動産所得ならびに税金が減少しています。これは家賃収入が減少すると共に修繕費などの「その他経費」が増加するという前提だからです。

金利が高かった時は支払利息の減少のほうが相対的に影響が大きかったので借入金の返済が終了するまでは不動産所得が増えていたのですが、最近の超低金利により、このような推移を描くようになってきました。

いずれにしても<u>耐用年数が到来して減価償却費が無くなることにより税金がドンドンと増えていく仕組みになっているということはシッカリと覚えておいて下さい。</u>

なお、この事例では物件の規模がそれほど大きくないのでこの程度の増加ですが、規模が大きくなると税金は急増していきます。理由は所得税が累進課税だからです。

ただし、様々な対策を実行することで窮地を凌ぐことができるのも事実です。また借入金の返済が終了すれば税引き後の手取り収入はガゼン良くなりますのでご安心を！

ところで、この事例は一つの物件の収支を計算・表示したに過ぎません。建築時期の違う複数の物件を所有していたり、建築時期が同じでも耐用年数が異なる物件を所有している場合にはこのような単純な推移にはなりません。

そこで実務では 53 ページにあるような「**物件別損益・収支の将来推移**」や、それらを合算した「**合算損益・収支の将来推移**」のような帳票を作成して将来の推移をできるだけ詳しく分析する必要があります。

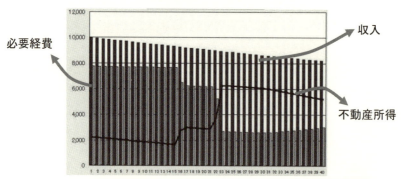

<不動産所得の推移グラフ>

時の経過と共に「相続税」が増加していくワケ

以上は毎年の不動産所得に係る所得税がどのような推移を描くのかについての解説でした。そこでは減価償却費が無くなることで税金が急増するが、様々な対策を実行することで対応可能だし、借入金の返済が終了すれば収支がガゼン良くなるのでそれほど心配には及ばない、みたいな論調で書きました。

ところが大地主の場合には相続税というバケモノが立ちはだかっているのです。

ご承知のように借入金は債務控除として相続財産から控除できますが、当然ながら返済するにつれて借入金残高は減っていきます。

ところがお客様と話していると、<u>借入金が減少しただけ相続税の課税対象が増えるということに気付いていない方が意外と多いのです。</u>

つまり、いったん下がった相続税は将来ともほとんど変わらないと勝手に思い込んでいるのです。もちろん土地の評価額は地価が上がらなければ上昇しませんし、建物の評価額は古くなるにつれ下がっていきます。

ところが債務控除としての借入金は返済と共に残高が減っていくので、相続税の課税対象は逆に増えていくのです。最近のように金利が低いと借入金の返済額に占める元金返済額が増えますので、今まで以上のスピードで減少していきます。

借入金の返済スピードが速まるというと通常の感覚では良いことのように思われますが、相続税の場合は逆なのです。

なお相続税も所得税と同じく累進課税なので課税対象額が増えれば、それ以上の割合で増加していきます。まるで高速エレベータのようです。

また所得税の場合には一般的に不動産所得がそれほど多くないので累進課税といったところで大した税額にはなりません。

ところが相続税の場合には課税対象額が億単位になるケースが多いので税額も所得税とはケタが違います。

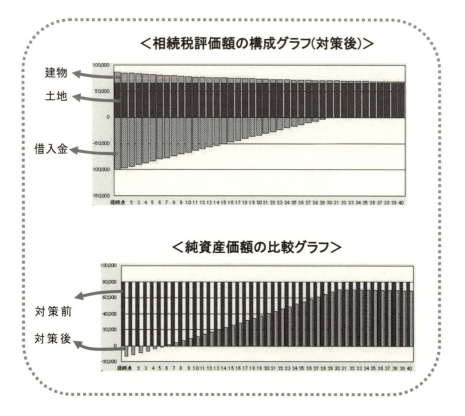

※建物を建てた当初は借入金が多いので、図のように土地と建物の合計額から借入金の額を控除した純資産の額はマイナスになることもありますが、借入金の返済と共にプラスに転じ、その後、急増していきます。

② 各種の節税封じ

　また意外と気付いていないのが各種の節税封じです。ずいぶん前になりますが、『３年縛り』といって不動産を取得（新築または購入）してから３年間は取得価額で評価しなければならないという歯止め措置が突如として出現しました。

　これは相続間近になって賃貸マンションを建てるとか収益不動産を購入して相続税を安くすることはケシカランということで規制されたものです。

　この規制に関しては法人の場合は今も続いていますが、幸いなことに個人については廃止されました。

　これ以外にも実に様々な節税封じが設けられましたが、要するに今まで長きに亘って課税当局とのイタチゴッコが何度も繰り返されてきたというわけです。

　こうした場合、皆様だったらどうされますか？　まあ、私からみてやり過ぎという節税手法もいくつか散見されましたが、何の対策も施さず能天気に納税することが果たして正しいのでしょうか？

果敢にチャレンジ

　もしリスクを感じて何もしなければ、それこそ「衰退」への道をまっしぐらということになります。果敢にチャレンジすることが「繁栄」する大地主への道に繋がるのです。

第3節 マンションの寿命と人間の世代間隔のズレに起因するもの

　相続税対策として賃貸マンションを建てるということはよくあることです。実際に節税効果は抜群ですから、土地の立地条件に問題がなければ私も積極的にお勧めしております。
　ところで賃貸マンションの法定耐用年数をご存じでしょうか？　次の「**マンションの法定耐用年数表**」をご覧下さい。

＜マンションの法定耐用年数表＞

構　造	細目	改正前	現在
鉄骨鉄筋コンクリート造(SRC)	住宅用	60 年	47 年
鉄筋コンクリート造(RC)	事務所用	65 年	50 年
重量鉄骨造	住宅用	40 年	34 年
	事務所用	45 年	38 年

　住宅用のマンションだけでなく事務所ビルについても参考のために載せています。「改正前」というのは現在の耐用年数になる前の法定耐用年数です(1998 年に改正されました)。
　まず住宅用(マンション)ですが、鉄骨鉄筋コンクリート造(SRC)、鉄筋コンクリート造(RC)とも現在は 47 年、改正前は 60 年でした。そして事務所用の場合には現在は 50 年、改正前は 65 年でした。

どうして改正前の耐用年数まで掲載したかというと、こうした耐火構造の建物はもともと耐用年数が非常に長かったということを言いたかったからです。

法定耐用年数というのは減価償却費を計算するために国が便宜上設定しているに過ぎません。実際の耐用年数、つまり物理的耐用年数はもっと長いのです。

いずれにしても改正でそれまでより法定耐用年数が短くなったのですが、それは物理的耐用年数が短くなったからではなく、できるだけ早く償却することで競争力を付けてあげましょう、との国の配慮からです。

ところで、ここで耐用年数のことを議題に挙げたのは建物が完成して寿命が来るまでの間に相続が発生したらどうなるのかという問題提起をしたかったからです。

というのもマンションの場合、物理的耐用年数は60年以上あるわけですが、60年というと通常は借入金の返済が終了しています。ということは借入金の返済後に相続が発生した場合、債務控除の額がゼロですから相続税は莫大な額になっているハズです。

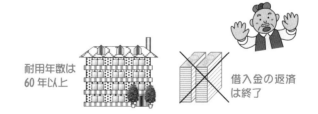

次の「マンションを建てた場合の相続税評価額の推移」をご覧下さい。これは更地評価額が5億円の土地に全額借金でマンションを建てた場合の相続税評価額の推移を一覧にしたものです。

<計算の前提条件>

・土地の更地評価額 ・・・ 5億円
・借地権割合 ・・・・・・・・・ 70%
・借家権割合 ・・・・・・・・・ 30%
・建築費(全額借金)・・・ 4億円(35年、1.0%)
・建物の固定資産税評価額 ・・・ 建築費 × 45%

<マンションを建てた場合の相続税評価額の推移>

(単位:千円)

年次	対策前			対策後				差引
	自己資金	土地	合計	土地	建物	借入金	合計	
現時点	0	500,000	500,000	395,000	126,000	400,000	121,000	379,000
5年後	0	500,000	500,000	395,000	107,369	351,027	151,342	348,658
10年後	0	500,000	500,000	395,000	91,493	299,555	186,938	313,062
15年後	0	500,000	500,000	395,000	77,965	245,455	227,509	272,491
20年後	0	500,000	500,000	395,000	66,437	188,595	272,842	227,158
25年後	0	500,000	500,000	395,000	56,613	128,832	322,781	177,219
30年後	0	500,000	500,000	395,000	48,242	66,019	377,223	122,777
35年後	0	500,000	500,000	395,000	41,109	0	436,109	63,891
40年後	0	500,000	500,000	395,000	35,030	0	430,030	69,970

※改定率 ・土地の評価額:毎年0.0%アップ
・建物の評価額:毎年3.1%ダウン

　まずは現時点における対策後の欄をご覧下さい。土地の評価額が3億9,500万円となっています。賃貸物件が建っている土地は貸家建付地として評価されますので、次のような計算によって更地評価額5億円から21%減額された額になります。

<土地の評価額>

= 更地評価額 ×(1 - 借地権割合 × 借家権割合)

= 5億円 ×(1 - 70% × 30%)

= 3億9,500万円

次に建物ですが、マンションのような貸家は固定資産税評価額から借家権割合30％を控除しますので、次のように1億2,600万円と計算されます。

> **＜建物の評価額＞**
>
> ＝ 固定資産税評価額(建築費×固定資産税評価割合)×(1－借家権割合)
> ＝ 4億円 × 45％ ×（ 1 － 30％ ）
> ＝ 1億8,000万円 × 70％
> ＝ 1億2,600万円

つまり土地3億9,500万円と建物1億2,600万円の合計額から借入金4億円を差し引いた1億2,100万円が対策後の評価額ということになります。対策前は5億円ですから実に4分の1以下です。

その他の財産がいくらあるかによって相続税の額は違ってきますが、かなりの減額になることは明らかです。

ところが以上はあくまで対策後すぐに相続が発生した場合の話。ご覧のように10年後なら1億8,693万円、20年後なら2億7,284万円と鰻登り。

それでも通常は様々な対策を組み合わせることで納税できるケースが多いのではないかと思います。したがって「今回のマンション建設は相続税対策として有効であった」というわけです。

問題は次の相続です。両親の相続についてはどうにかこうにか乗り越えたとしても次に待ち構えているのが、次の世代の相続、つまりお子さんの相続です。

　例えば、マンションを建てた10年後にご両親が亡くなったしても、そのお子さんに相続が発生するのは通常は30年とか35年後です。したがってマンションを建てた時点から数えると40年とか45年後ということになります。

　ということは、その時点では借入金がありませんので莫大な額の相続税がかかることになります。先ほどの**推移表**（20ページ）をご覧下さい。40年後を見ますと4億3,000万円となっています。対策前が5億円ですから7,000万円ポッチの差です。もし家賃収入が貯まっていたら現状よりも税金が増えている可能性も考えられます。

　なお、以上はあくまで5億円の更地評価額の土地を前提としたシミュレーションです。もっと規模が大きくなりますと、それこそ恐ろしい結果になりそうです。

　このように相続税対策としての賃貸マンション建設は非常に効果のある方法ですが、ご両親ではなく、その先の相続、つまりお子さんの相続時のことも考慮に入れておく必要があるということです。

自分の時に
大変な問題…

第4節 不動産オーナー個人に起因するもの

　以上はどちらかと言えば自分以外の原因で大地主の立場から「衰退」していくというものですが、ここでは不動産オーナー個人の原因で「衰退」していく4つのケースをご紹介します。

１　財産を平等に分けた

　遺産分割というと、ほとんどの方は平等に分けることばかり強調します。確かに普通の不動産オーナーであれば基本的にそれでいいと思いますし、私の事務所でも家族構成とか各相続人の経済状況、資産内容等々によってはキッチリと分けることも少なからずあります。
　ところが大地主さんの場合には全く違ったやり方で遺産分割するケースがほとんどです。つまり**後継者となる相続人がほとんどの不動産を相続し、他の相続人には金融資産であるとか自宅の敷地を渡す程度です。**
　あるいは不動産管理会社を設立して、そこの役員に就任してもらい給与を支給することでバランスを取るということもあります。

　その理由について少し考えてみましょう。もし相続において兄弟間で不動産を平等に分けたらどうなると思われますか？　恐らくほとんどのケースで、ご自分の思い思いの考えで行動すると思います。

例えば売却した資金で人生をエンジョイする人もいるでしょうし、そのまま保有し続ける人もいます。その時々の経済状況や人生に対する考え方の違いで様々な行動パターンに分かれるということです。いずれにしても本家の所有する不動産は急激に減っていきます。

それでは特定の相続人にほとんどの不動産を相続させることにしたらどうでしょうか？　自分のものになったからといって、これ幸いと勝手に売却し無駄遣いしてしまうでしょうか？　もちろん皆無とは言いませんが、ゼロに近いのではないかと思います。

人間というのは自分だけが得しようとはあまり考えないものですし、無駄遣いしようにも他の兄弟が許さないでしょう。もし特定の承継人がほとんどの財産を相続したとしたら、むしろ減らさないように努力しようとします。

このように<u>一見良さそうな公平な分割というものは巨額の財産も一瞬にして失くしてしまう危険性を孕んでいる</u>ということは忘れないで下さい。

戦後の日本民法では公平を旨として子供には原則として平等に遺産分割するよう定めています。

これについては私も基本的に賛成なのですが、大地主の場合には一般企業と同じく事業承継という観点から別の見方をしています。

というのは<u>先祖から代々受け継いで来た土地というものは多くの場合、できるだけ減らさないで次の世代にバトンタッチすることが期待されているからです。</u>

にもかかわらず今は公平に分配することが当然のような風潮にありますので、こうした考え方を他の相続人に納得してもらうことが大変難しくなっています。

なお、土地というものは私有財産が認められているからといって全く個人の自由にしていいというわけではありません。草ボウボウでは美観的にも好ましくないですし害虫が発生する可能性もあります。

建物にしても空き家のまま放置していることは火災とか犯罪の可能性を高めますし、土地と同様、美観上も大いに問題です。

最近、農地の耕作放棄地が増えていますが、このようなことは望ましいことではありません。農地所有者としての当然の義務を果たさないのなら何らかのペナルティーを科すべきではないかと思います。

❷ 借金がイヤで思い切ったことができない

皆様方は、「自己資金で建てようが借金して建てようが相続税の節税効果は同じです。」というフレーズを聞かれたことはないでしょうか？確かに自己資金で建てようが借金して建てようが対策後の相続評価額は同じです。

例えば金融資産を3億円所有している大地主さんがいたとします。この3億円を使ってマンションを建てた場合と借金してマンションを建てた場合のそれぞれの純資産の額は次のようになります。

<計算の前提条件>

・金融資産 ………… 3億円
・土地の更地評価額 …… 5億円
・借地権割合 ………… 70％
・借家権割合 ………… 30％
・建築費 …………… 3億円
・建物の固定資産税評価額 … 建築費 × 50％

<自己資金で建てた場合と借金して建てた場合の比較>

(単位：千円)

項　目	建設前	自己資金で建設	借金して建設
金融資産	300,000	0	300,000
建物	0	105,000	105,000
土地	500,000	395,000	395,000
借入金	0	0	△300,000
純資産	800,000	500,000	500,000

※計算過程は省略。

　いずれも純資産は5億円です。建設前は8億円ですから3億円ほど評価が下がっていますが、これではまだかなりの相続税がかかります。

　そこでもう少し規模を大きくしてみましょう。仮に建築費を10億円としてみます。

自己資金が 3 億円しかないので当然ながら不足分は借金する必要がありますが、一部自己資金で建てようと全額借金して建てようと節税効果は同じなので、ここでは全額借金して建てたと仮定します。次の「建築費を 10 億円とした場合」をご覧下さい。

＜建築費を 10 億円とした場合＞

(単位：千円)

項目	借金して建設
金融資産	300,000
建物	350,000
土地	395,000
借入金	△1,000,000
純資産	45,000

3 億円のケースと比較すると建物と借入金の額が違っています。3 億円の場合の建物評価額は 1 億 500 万円ですが、こちらは 3 億 5,000 万円となっています。

そして全額借金するので借入金は 10 億円となります。その結果、資産から負債を差し引いた純資産の額は 4,500 万円まで下がりました。

この額から基礎控除額を差し引くわけですが、例えば相続人を 3 名としますと 4,800 万円 (3,000 万円＋600 万円×3 人) になりますので相続税はかかりません。

3 名だと相続税はかからない

いかがでしょうか。**この事例のように相続税をウンと安くしようとするとどうしても借金せざるを得ないのです。**

もちろん以上は議論を分かりやすくするために非常に単純化しています。実務では当然ながらもっと複雑になります。物件数も多くなりますし収支もキッチリとシミュレーションする必要がありますが、基本的な考え方はそれほど変わりません。

借金怖い

私は今まで数多くの相続対策の提案をしてきましたが、この借金という恐怖から対策を実行できずに終わったケースを何度も経験してきました。

一方で果敢にリスクを取って財産を減らすどころか逆にドンドンと増やしているオーナーもたくさんいます。

所有している不動産の内容によっては必ずしも借金することをお勧めするわけではありませんが、どう考えても問題ないと思っても躊躇してしまう方がいらっしゃいます。そういう方は残念ながら少しずつ「衰退する大地主」の仲間入りをすることになります。

<u>**借金をしなければ後は莫大な額の相続税が待っているのです。**</u>そして83ページ以降で詳細に比較検討していますが、<u>**見返りがない分、相続税のほうが実は大変なのです。**</u>

「前門の虎、後門の狼」ではありませんが、大地主であり続けるためにはこうした試練を乗り越えなければならないということです。

だからといって<u>**借金を強制するものではありません。借金することで生きている気がしなくなる方も現実にはいらっしゃるからです。**</u>

③ 親が相続対策に反対する

　私は前述したように相続対策の仕事をやり始めて30年以上になりますが、相談者の多くは長男であるとか娘婿等、実際に財産の管理を行なっている方です。

　そして、そういった方はほとんどのケースで我々の提案に賛成していただけるのですが、親から反対されることがよくあります。特に借金する提案が入っていると、その可能性が高くなります。

　昔の人は小さい時から「借金はするな！」と口酸っぱく言われて育って来られたでしょうから仕方がないのかも知れません。

　もちろん借金したお金を博打に使うとか海外旅行に頻繁に行く、あるいは身分不相応な豪邸を建てるということはあまりお勧めできません。

　ところが、例えば土地の有効活用としてのアパート建設資金を借入金で調達することは無駄遣いでも何でもありません。相続税対策になりますし、また収入も増えるのです。当然ながら入居者にも喜ばれます。

　もちろん、土地の所在場所によってはアパート経営は相応しくないということはあるでしょうが、借金してアパート経営をすること自体が悪いということには決してなりません。

　仮に、その家庭にとっての最善策がアパート経営だとして、それに断固として反対することが果たして正しいのでしょうか？

私は上記「②借金がイヤで思い切ったことができない」で「借金すれば生きている心地がしない人もいる」という話をしました。
　したがって必ずしも強制するわけではありませんが、相続人となる方が立派な方で、是非アパート経営をやりたいということであれば賛成してほしいというのが本音です。

　たとえ借金するのが親であったとしても最終的に返済するのは子供です。また実際に相続税を払うのも子供なのです。

借金を返すのも、
相続税を支払うのも
ワシではない！

　もしアパート経営が失敗したとしても決して親を怨むことはないでしょう。むしろ計画に反対して実行できなかった時のほうが怨まれる可能性が高いと言えます。
　なお、**これとは反対に子供が反対しているのに親が勝手に多額の借金をしてガンガン賃貸物件を建てるということがあるようですが、これはいただけません。**
　上述したように借金の返済をするのは子供です。にもかかわらず子供の意見を無視して実行しますと家庭崩壊の可能性が極めて高くなります。

④　後継者がいない

　資産を承継していくためには当然ながら後継者が必要となります。ところが残念ながら子供に恵まれないとか、子供はいても不動産経営に全く興味がないこともありますし、後継者には相応しくないということもあります。

そのような場合には養子を貰うとか、娘婿を後継者にすることもあります。なお、どうしても適任者がいないようであれば不動産を全て売却することも考慮に入れる必要があるでしょう。

　以上、「衰退」する大地主となる原因について解説してきましたが、ここで再度まとめておきます。

<「衰退」する大地主となる原因>

個人では対処が難しいマクロ経済とか国政に起因するもの
　①バブルの発生・崩壊
　②少子・高齢化の波

あまりにも過酷な不動産オーナーの税金に起因するもの
　①時の経過と共に増えていく所得税と相続税
　②各種の節税封じ

マンションの寿命と人間の世代間隔のズレに起因するもの

不動産オーナー個人に起因するもの
　①財産を平等に分けた
　②借金がイヤで思い切ったことができない
　③親が相続対策に反対する
　④後継者がいない

第2章

「繁栄」のためにやるべきこと

この章は大地主さんの事業承継がテーマです。ジックリ勉強して、その時に備えよう！

「繁栄する大地主」になるために最も大切なことは事業承継をできるだけ早く終わらせることです。
　ところで事業承継と言えば、一般の企業のことを思い浮かべると思いますが、大地主さんも決して例外ではありません。
　先祖から受け継いできた大切な土地をできるだけ減らさないで次の世代に受け継いでいくということからすれば立派な事業承継の一つです。
　しかしながら事業承継といっても具体的に何をどのようにしていけばいいのか、見当がつかないと思います。
　そこで、この章では私が常々考え実行していることをできるだけ詳しく解説したいと思います。
　なお事業承継を実行するに当たって最低限、守ってほしいことが３つほどありますが、その点についても触れておくこととします。

不動産オーナーの事業承継についてこの機会にジックリと考えてみて下さい。

第1節 最も大切なことはスムーズな事業承継です！

1 そもそも事業承継とは？

バブルの時から実に150万者の企業が消滅

いきなり、「最も大切なことはスムーズな事業承継です！」と言われてもピンとこないと思いますので、最初に一般企業の事業承継についてご紹介しておきます。

次の「中小企業数の推移」をご覧下さい。1986年から2014年までの推移が表示されています。

これによりますと、バブル当時の1986年には個人、法人合わせて533万者もあった中小企業が2014年現在では381万者まで激減しています。実に150万者余りの企業が消滅したことになります。

＜中小企業数の推移(個人＋法人)＞

1986年	533万者
1991年	520万者
1999年	484万者
2004年	433万者
2009年	420万者
2014年	381万者

150万者も！

ことほど左様に中小企業の数が減少しているわけですが、その主な理由は経営そのものが社会環境の変化により大変難しくなっているためです。

　例えば、魚屋とか八百屋、酒屋、洋服店などの店はスーパーとかコンビニなどのチェーン店に悉くシェアを奪われていますし、電気店なども大型のチェーン店に客を奪われ、為す術もありません。

サラリーマンになる！

　そこで中小企業のオヤジさんは子供から親の事業を承継しないでサラリーマンになると言われても強く反対できないのです。

承継する財産とは？

　このように一般企業でも事業承継は困難を極めているのですが、そもそも事業承継で何を承継するのでしょうか？　次の「**事業承継で引き継ぐ財産の内容**」をご覧下さい。

<事業承継で引き継ぐ財産の内容>

	一般企業	不動産賃貸業
物	・自社株 ・事業用資産(設備・不動産)	・不動産(土地＋建物)
金	・資金(運転資金等)	・資金(運転資金等)
知的財産	・経営理念 ・社長の持つ信用 ・特許・ノウハウ ・熟練工の持つ匠の技 ・人脈　　　　　etc.	・競争力のある差別化物件 ・立地条件(駅近、環境、 　日当り、眺望など) ・管理サービス ・担保力

第2章 「繁栄」のためにやるべきこと

　一般企業と不動産賃貸業のそれぞれについて比較する形でまとめております。以下、順番に解説しておきます。

　まず最初の「物」ですが、一般企業の場合は法人経営であれば自社株、個人経営では事業用資産ということになります。一方、不動産賃貸業の場合は土地や建物といった不動産が該当します。
　このうち一般企業でよく問題になっているのが自社株です。というのは会社の業績が良いと自社株の相続税評価額が高くなるのですが、自社株の場合には基本的に第三者に売却できません。にもかかわらず税額は高いので、その納税に四苦八苦するのです。
　それでは一方の不動産賃貸業の場合はどうでしょうか？　確かに場所が良く広大な土地を所有している場合には高額の相続税が課されますが、売却したり物納することで納税できなくはありません。
　でも、それだと「衰退」の仲間入りということになりますので、自社株の場合と同じく様々な節税手法を駆使してできるだけ税額を抑える必要があるのです。

　次に「金(かね)」ですが、いずれも運転資金ということになります。この額が多いと経営が安定するのは一般企業も不動産賃貸業も同じです。

借金返済は
待ってくれない

　特に不動産賃貸業の場合には多額の借金返済がありますので資金繰りに注意して無駄なお金は使わないようにしましょう。
　家賃などの入ってくるお金は増減しますが、借金返済などの支払いは待ってくれませんのでご注意を！

37

そして最後の「**知的財産**」ですが、一般企業の場合は社長の持つ信用力であったり各種のノウハウ等、「目に見えにくい資産」ということです。

不動産賃貸業の知的財産とは？

それでは「**不動産賃貸業の知的財産とは何ぞや？**」ということですが、4つほど挙げてみました。

最初の「**競争力のある差別化物件**」というのは必ずしも「目に見えにくい資産」ではないかも知れませんが、快適に過ごすことができるという点では当てはまると思います。

次に「**立地条件**」（駅近、環境、日当り、眺望など）ですが、不動産賃貸業の場合には最も重要な点です。所在地が最寄駅からかなり離れていたり悪臭がプンプンではいくら立派な建物を建てても入居者からソッポを向けられます。

したがって<u>立地条件があまり良くない場合には自分で建物を建てるのではなく定期借地で土地を貸すとか、状況によっては売却することも視野に入れるべきです</u>。後ほど述べますが、一般企業だって第三者に会社を売却することはよくあります。

それから「管理サービス」というのは設備が故障したりカギを紛失した時にすぐ駆けつけるといったことです。通常は専門の管理会社に業務を依頼するケースが多いと思いますが、そうした体制を充実させることがオーナーの信用につながるわけです。

　そして最後の「担保力」というのは金融機関から融資を受ける場合に威力を発揮します。物的担保だけでなく、収益力であるとか経営者個人の信用力によって有利な融資条件を引き出すことができます。

　不動産賃貸業は快適に生活したり仕事をする建物という空間を提供することです。したがって一般企業にいうところの「知的財産」とは若干趣が異なりますが、以上挙げたような点を充足させることが安定経営につながるのです。

　以上、一般企業と比較する形で事業承継で引き継ぐ財産について解説してきたのですが、実際にこれらを承継するのはいずれも相続人である子供です。
　一般企業であれば従業員等に任せることもありますが、不動産賃貸業の場合にはほとんどのケースでお子さんが承継します。
　もし子供がいない場合には親族の方と養子縁組することになりますが、適任者がいない場合には不動産を売却するか公益法人に寄付するしかありません。

2 大地主さんの事業承継とは？

大地主とは？

　私はこの本のタイトルを「繁栄する大地主　衰退する大地主」としましたが、そもそも大地主とはどのような方を言うのでしょうか。

　これについてはもちろん決まりがあるわけではありませんが、ここでは土地の面積がだいたい3,000㎡以上の方をイメージしています。

　1,000㎡程度でも都心であればかなりの資産家ですが、この本で取り上げるメインテーマは広大な土地をいかに次の世代に受け継いでいくかということなので、かなり広めの土地所有者を想定しています。

　また事業承継ということなので承継人が今はサラリーマンだとしても、いずれ会社を辞めて不動産賃貸業に専念するという前提です。そのためには少なくとも不動産の収入だけで食べていける程度の規模は最低限必要となります。

＜この本で取り上げる大地主＞

①所有地が全部で3,000㎡以上ある

②通常の宅地だけでなく宅地化した農地を含む

③個人所有だけでなく同族法人が所有している土地も含む

※土地といっても生産緑地として申請した農地とか特定市街化区域以外の農地、山林等に関しては納税猶予制度を利用するか否かといったことだけですから、この面積からは除かれます。要するに土地活用の対象となる土地の面積が3,000㎡以上あるかどうかということです。

このように、この本で取り上げる大地主の範囲はかなり限定されていますが、第3章以下の事業承継に直接関係のないそれぞれのテーマについては「大地主」でなくても役立つと思いますので参考にしていただければと思います。

なぜスムーズな事業承継が必要なのか？

不動産というと「遺産分割するのが難しいので争続になりやすいです」とか、「公平に分けるにはどうやったらいいか」といった観点からの説明ばかりで事業承継といった観点から解説したものはほとんど見当たりません。

どうして一般の企業では事業承継ということが重要視され、不動産賃貸業の場合にはほとんど語られないのでしょうか。

もちろん一般企業の場合は一族以外の社員の雇用の問題はあるでしょうが、事業を承継するという観点からは不動産賃貸業も同じではないかと思うからです。

減らさずに…

私がなぜ「大地主」に限定したかと言えば、広い土地を所有している大地主の場合には、先祖から受け継いできた大切な資産である土地を減らすことなく次の世代に承継する義務があると考えるからです。

皆様方は「たわけ者」という言葉をご存じでしょうか？　これは「田分者」からきたという説が有力です。

遺産分割において子供の人数で田んぼを分けると、孫の代、ひ孫の代へと受け継がれていくうちに、それぞれの面積が小さくなっていき、少量の収穫しか得られず家系が衰退してしまうという戒めの言葉だというのです。

私が敢えてこうした本を書こうと思ったのも、<u>「公平に分けるのが今のトレンド」とか「相続税で財産が無くなることは仕方ない」といった感じで、財産を減らすことに無頓着すぎるような気がしてならない</u>からです。

もちろん第1章で詳細に解説したとおり不動産を維持することは以前よりも遥かに難しくなっているのも事実です。だからといって先祖から受け継いできた土地を自分の代で安易に減らしていっていいものでしょうか。

私は戦後、GHQにより再び戦勝国であるアメリカに歯向かうことのないよう日本国ならびに日本人を徹底的に弱体化すべく各種の制度破壊がなされている事実を数多くの本から学びました。

財閥解体、農地解放、新憲法、公職追放、借地借家法等々、挙げたらキリがないほどありますが、遺留分という制度もその一つです。

遺留分というのは要するに何らかの理由で財産を渡したくない人がいても法定相続分の半分までは相続人に保障されるという制度です。こんな制度などアメリカにすらありません。これでは家族関係を平気で壊す人間を野放しにするだけです。

戦前の家督相続のように原則として長男が全ての財産を相続するという硬直した制度については必ずしも賛成するものではありませんが、だからといって均等相続を支持するものでもありません。

　こうした考え方に立つと、**大地主の場合には不動産経営に適した方が大多数の不動産を相続すればいいのではないか、という結論になります。**

　例えば長男が国家公務員で国のために大きな仕事をしたいと思っているのであれば長男ではなく次男が相続すればいいだろうし、長男が開業医で忙しいのであれば同様に次男が相続すればいいのではないかと思います。

長男が開業医なら
次男が相続

　また長男、次男とも不動産経営が好きで不動産を今より増やしていきたいと考えているのであれば2人で相続すればいいのです。どのように分けるかは、その時々の状況に応じて適宜判断すればいいことです。

　相続の本を読んでいると、不動産を現預金と同じように生活維持のための資産という前提に立った議論が多いようですが、私がここで主張しているのはあくまで**不動産を次の世代に受け継がせる義務を後継者に背負ってもらうということなのです。**そのための事業承継であり、だからこそ他の相続人も文句を言わないのです。

　先ほども言いましたように不動産経営は今後ますます難しくなります。したがって片手間ではやっていけません。後継者として指定されたら59ページ以降に書いているような様々な勉強をする必要があります。

様々な勉強を！

農業法人に売却してシッカリ経営してもらう

　もし相続人に、こうした不動産経営に向いた方がいないのなら、いっそのこと全ての不動産を売却するというのも一つの方法です。
　農地にしたって耕作放棄地が増えているようですが、こうしたことは国にとって決して望ましいことではありません。農業法人などに売却してシッカリと経営してもらうべきなのです。

　75ページ以降で家族信託のことを解説していますが、家族信託とは要するに信託する人が受託者に信託契約通りに仕事を遂行し、シッカリと財産を守っていく義務を背負わせることなのです（もちろん家族信託には様々なものがあり、ここに書いているのはその一例に過ぎませんが・・・）。
　したがって、不動産を相続した人が他の人よりも圧倒的に有利であり、他の人はソンをしたということには決してなりません。むしろ受託者は大変な仕事を背負い込んだというのが実態かと思います。
　こんなことをいうと事業承継とは暗いことばかりのような気がするかも知れませんが、不動産賃貸業も他の仕事と同じように苦しいこともあれば楽しいこともあります。
　例えば、空室が増えて資金繰りが厳しい時は暗い気持ちになりますが、土地活用のプランを考えている時とか入居率アップのための様々な対策が威力を発揮し満室になった時などは達成感があります。

満室に！

3 まずはジックリ現状分析から

　以上でスムーズな事業承継の重要性についてはご理解いただけたと思いますが、それでは具体的にどのようなことをやっていけばいいのでしょうか？
　これについては個々の不動産オーナーによってかなり違ってきますが、当然ながら共通することも多々あります。そして、その中でも一番大切なことは現状を分析することです。以下、これに関して順番に解説していくこととします。

ステップ① 各種資料を収集・整理する

　何を始める場合も一番大切なことは現状を分析することです。そして多くの土地を所有している場合には様々な資料を収集し整理するところからスタートする必要があります。次ページに収集すべき資料をまとめておきましたので参考にして下さい。
　面倒ではありますが、一度やれば終わります。会社での引き継ぎでも同様ですが、この際、キチンとやっておきましょう。後継者の方も一緒にやれば勉強になります。

＜収集すべき資料＞

資　料	コメント
①不動産の登記簿謄本 ②固定資産税課税明細書 ③公図 ④住宅地図 ⑤路線価図、評価倍率表 ⑥法人の登記簿謄本、定款、 　株主名簿 　（法人を設立しているケース）etc.	これらは最低限入手すべき資料です。特に登記簿謄本は情報が一番詳しく書かれており勘違いして記憶していることが多いので、再度目を通しておきましょう。 なお不動産に関しては被相続人分だけでなく関係者全員分の資料を入手すべきです。節税対策として所有者を変更する場合に、そうしたデータが必要となるからです。
⑦賃貸借契約書、サブリース 　契約書　etc.	賃貸借契約書には建物と土地の両方があります。全ての契約内容を確認の上、契約者名等が古いままであれば最新情報に書き換えられることをお勧めします。 また、保証人、保証会社についても問題がないか確認しておきましょう。
⑧建物管理委託契約書、 　入居者管理委託契約書、 　業務委託契約書（同族間） 　　　　　　　　　　etc.	このうち業務委託契約書に関しては税務調査で必ず見られますので、シッカリしたものを作成・保管しておく必要があります。特に建物管理委託契約書、入居者管理委託契約書の内容とダブっていないかどうかがポイントです。
⑨金銭消費貸借契約書、 　借入金返済スケジュール表	不動産賃貸業では借入金は付きもの。「変動か固定か？、元利均等か元金均等か？、違約金の計算方法は？」等々、借入金には非常に重要なテーマが目白押し。135ページ以降をシッカリ読んで万全の態勢を整えておきましょう。
⑩決算書、申告書、元帳　etc.	税務上の帳簿書類は原則として7年間保存する義務があります。法人で欠損金がある場合には保存期間が10年に延長されていますが、決算書、申告書に関しては永久保存されることをお勧めします。家賃等の長期的推移が分かるからです。
⑪名刺、電話帳、年賀状　etc.	意外と大切なのが取引先の住所とか電話番号です。顧問の税理士、会計士や司法書士、測量士、弁護士、金融機関、管理会社、ハウスメーカー、リフォーム会社など各種取引業者の担当者の名刺はキチンと整理しておきましょう。

ステップ② 物件の一覧表を作成する

　資料が入手できたら今度はエクセルで物件の一覧表を作成します。我々の事務所ではエクセルではありませんが、お客様毎に**「物件概要一覧」**として次のような帳票を作成しています。共有者がいる場合には各人の持分が一覧表示されますので便利です。

項　目			アパート	戸建て貸家
物件NO.			1	2
所在地			東京都杉並区	東京都杉並区
現況地目			宅地	宅地
権利形態			所有権	所有権
面積			454.00 ㎡	245.00 ㎡
土地	所有者	1 氏名	田中太郎	田中太郎
		持分	1／1	1／2
		2 氏名		田中花子
		持分		1／2
		3 氏名		
		持分		
		4 氏名		
		持分		
		5 氏名		
		持分		
建物	種類		アパート	貸家(一戸建て)
	利用区分		賃貸専用	賃貸専用
	構造		木造	木造
	築年月(築年数)		S.61/2(30年4ヵ月)	H.19/5(9年1ヵ月)
	階数、所在階		2階建て	2階建て
	間取り、戸数等		2DK×12戸	3DK×4戸
	専有面積	面積 住宅	475.00 ㎡	212.00 ㎡
		非住宅	0.00 ㎡	0.00 ㎡
		合計	475.00 ㎡	212.00 ㎡
		自己使用割合 住宅	0.00%	0.00%
		非住宅	0.00%	0.00%
	所有者	1 氏名	田中太郎	田中太郎
		持分	1／1	1／2
		2 氏名		田中花子
		持分		1／2
		3 氏名		
		持分		
		4 氏名		
		持分		
		5 氏名		
		持分		
備　考			収益性がかなり低下している。近い将来、建て替えが必要。	空室なし。

共有者それぞれの持ち分も

また、より詳しい情報を残しておきたい場合には物件毎に物件台帳を別途作成します。一般的に次のような項目を記載します。

＜物件台帳＞

項　目	細　目
土地の概要	所在、地番、地積、取得原因、権利者、共有者、持分、抵当権等
建物の概要	所在、家屋番号、種類、構造、床面積、取得原因、権利者、共有者、持分、抵当権等
修繕履歴	部屋毎の修繕
修繕予定	修繕箇所、修繕内容
損害保険	保険会社、保険の内容、保険事故の内容
クレーム	内容、担当者、結末

※これら以外に賃貸契約条件の推移、契約者履歴などを記載しておくと便利です。

ステップ③　土地、建物の評価をする

　このようにして所有物件の整理ができたら次は土地、建物の評価をするわけですが、通常は税理士等の専門家に依頼します。

　もし、お知り合いに税理士等がいない場合には管理会社とか金融機関に紹介してもらって下さい。あるいはネットで探すというのでもいいでしょう。私の事務所のお客様はほとんどが本の読者です。なお、こうした**資産税に関する業務は特殊ですから、その分野に詳しい税理士に依頼するようにして下さい。**

　土地とか建物の評価をしたり相続税を計算するぐらいなら大したことはありませんが、これから様々な相続対策を実行していく上ではかなり幅の広い知識、経験が必要となるからです。

第2章　「繁栄」のためにやるべきこと

　それではここで、次の**「物件概要・相続税評価額一覧」**という帳票をご覧下さい。これは我々の事務所で作成しているものですが、前掲した「物件概要一覧」に土地、建物、借入金等のデータを加えたものです。

　シミュレーションの段階ではそれほど厳密に評価する必要はないでしょう。

＜物件概要・相続税評価額一覧＞

		項　目			アパート	戸建て貸家
		物件NO.			1	2
物件概要	土地	面積			454.00 ㎡	245.00 ㎡
		評価方式			路線価方式	路線価方式
		借地権割合			60.0%	70.0%
		路線価			330	280
		固定資産税評価額				
		倍率				
		所有者	1	氏名	田中太郎	田中太郎
				持分	1/1	1/2
			2	氏名		田中花子
				持分		1/2
			3	氏名		
				持分		
			4	氏名		
				持分		
			5	氏名		
				持分		
	建物	専有面積	面積	住宅	475.00 ㎡	212.00 ㎡
				非住宅	0.00 ㎡	0.00 ㎡
				合計	475.00 ㎡	212.00 ㎡
			自己使用割合	住宅	0.00%	0.00%
				非住宅	0.00%	0.00%
		所有者	1	氏名	田中太郎	田中太郎
				持分	1/1	1/2
			2	氏名		田中花子
				持分		1/2
			3	氏名		
				持分		
			4	氏名		
				持分		
			5	氏名		
				持分		
相続税評価額	資産	土地	自用地評価額		130,343	68,600
			△ 評価減額		△23,462	△14,406
			差引		106,882	54,194
			（評価割合）		82.00%	79.00%
		建物	住宅	賃貸部分	自用評価額	2,240	16,500
					△ 評価減額	△ 672	△4,950
					差引	1,568	11,550
				自己使用部分		0	0
				合計		1,568	11,550
			非住宅	賃貸部分	自用評価額	0	0
					△ 評価減額	0	0
					差引	0	0
				自己使用部分		0	0
				合計		1,568	11,550
			合計			108,450	65,744
	負債	借入金			7,500	24,000
		未払金			0	0
		敷金・保証金等			500	700
		合計			8,000	24,700
差引：純資産					100,450	41,044

| ステップ④ | 相続税額の試算 |

相続税評価額が計算できたら、次はいよいよ相続税の計算に移ります。相続税というのは最終的に遺産分割が確定しないと正確には計算できませんが、最初の段階では法定相続割合で相続したものとして計算してもいいでしょう。

なお我々の事務所ではその時々の状況に応じて次のような計算をすることもあります。

＜物件別相続税額の試算＞

物件毎に相続税を計算したもの。相続税というのは全ての財産を合計した額から基礎控除額を控除した額を基にして計算します。したがって通常はこうした帳票は作成しませんが、複数の物件があり相続人も複数いる場合、どの物件を相続するといくらほど相続税がかかるか分かれば遺産分割の方針を決めるのに役立つということで、こういった帳票も作成することがあります。

＜相続割合別相続税額の試算＞

	配偶者の相続割合	0%	10%	20%	30%	40%	50%	60%	70%	80%	90%	100%
	配偶者の相続財産	0	45,580	91,160	136,739	182,319	227,899	273,479	319,059	364,638	410,218	455,798
相続税額	1次相続 配偶者分	0	0	0	0	0	0	10,267	20,535	30,802	41,070	51,337
	1次相続 子供分	102,674	92,407	82,139	71,872	61,605	51,337	41,070	30,802	20,535	10,267	0
	小 計	102,674	92,407	82,139	71,872	61,605	51,337	51,337	51,337	51,337	51,337	51,337
	2次相続 子供分	0	1,793	8,026	15,818	25,401	39,075	52,749	66,423	83,795	102,027	120,259
	合 計	102,674	94,200	90,166	87,690	87,005	90,412	104,086	117,760	135,132	153,364	171,596
	課税価格に対する納付税額の割合	(21.58%)	(19.80%)	(18.95%)	(18.43%)	(18.29%)	(19.00%)	(21.88%)	(24.75%)	(28.40%)	(32.23%)	(36.06%)

配偶者が相続する財産については法定相続割合か1億6,000万円のいずれか多い額までは一切相続税がかかりません。

これを配偶者の税額軽減と言いますが、最初の段階ではどの程度、配偶者が相続したらいいのか分かりませんので、ここにあるように配偶者が相続する割合を0%から100%まで全部で11段階に分けた場合の相続税額を計算した帳票を作成しています。

配偶者は法定相続割合が1億6,000万円の多い額までは相続税がかからない

なお、以上はあくまで現時点での税額です。相続は今すぐ発生するわけではありませんので、次のような将来における税額の推移についても計算すべきです。

現時点では納税できたとしても実際に相続が発生する時点で納税できなかったら困るからです。

長生きしたら納税できない

＜相続税額の推移＞

(単位:千円)

年次	1次相続	2次相続	合計
現時点	84,594	20,802	105,397
5年後	101,646	29,135	130,781
10年後	117,431	39,773	157,204
15年後	131,832	49,753	181,585
20年後	147,175	59,987	207,163

ステップ⑤　物件別収支を計算する

以上は相続税関連ですが、収支についても併せて計算すべきです。相続税対策でよく失敗するのは収支計算がいい加減だからです。収支と相続税の両面から対策の良し悪しを判断しなければ失敗する確率がかなりアップします。

「収支合っての節税対策」なのであって相続税だけで判断することは厳に慎まなければなりません。相続税を安くすることができたとしても資金ショートを起こしては元も子もないからです。

なお収支といってもトータルの数値だけでは不十分で物件別に計算する必要があります。損益計算書というのは合算損益・収支を計算したものですから物件別収支を計算するためには諸経費についても一定の基準で物件別に按分する必要があります。

　次の「**物件別損益・収支一覧**」をご覧下さい。これは我々の事務所で通常作成しているものですが、物件別に一覧表示されていますので優劣を比較する上で分かりやすいと思います。

<物件別損益・収支一覧>

	項　目	アパート	戸建て貸家	区分所有マンション
	物件NO.	1	2	3
収入金額	受取家賃	15,800	9,600	2,300
	受取駐車料	1,120	1,200	0
	受取地代	0	0	0
	礼金・更新料	320	100	50
	合計	17,240	10,900	2,350
物件別経費 経常経費	固定資産税(土地)	755	180	50
	固定資産税(建物)	710	150	70
	損害保険料	130	200	15
	修繕費	600	450	30
	支払管理費	853	110	30
	衛生管理費	250	180	10
	共用光熱費	150	400	20
	小計	3,448	1,670	225
その他の経費	支払利息	83	333	186
	減価償却費	0	2,070	652
	業務委託料	800	700	0
	支払地代	0	0	0
	小計	883	3,103	838
	合計	4,331	4,773	1,063
	不動産所得	12,909	6,127	1,287
資金増	減価償却費・創業経費等 未収入金回収額	0	2,070	652
資金減	未払金返済額 借入金元金返済額	△1,249	△3,967	△ 701
	資金収支	11,660	4,231	1,238
利回り	表面利回り … (注1)	16.13%	20.11%	45.91%
	実質利回り … (注2)	12.90%	17.03%	41.51%
	純利回り … (注3)	10.91%	7.81%	24.18%

(注1)表面利回り … 収入金額÷土地の相続税評価額
(注2)実質利回り … 純収益(収入金額－経常経費)÷土地の相続税評価額
(注3)純利回り … 資金収支÷土地の相続税評価額

《土地の相続税評価額》(現時点)

項　目	アパート	戸建て貸家	区分所有マンション
土地の相続税評価額	106,882	54,194	5,119

第2章 「繁栄」のためにやるべきこと

ところで、この**「物件別損益・収支一覧」**は物件毎の収益性を比較する上では有益なのですが、単年度の損益・収支しか分かりません。

物件別に将来の推移がどうなるのか把握するためには、次の**「物件別損益・収支の将来推移」**のような帳票を作成する必要があります。借入金が残っている場合には返済が終了する前後で数値が大きく変動する状況がよく分かると思います。

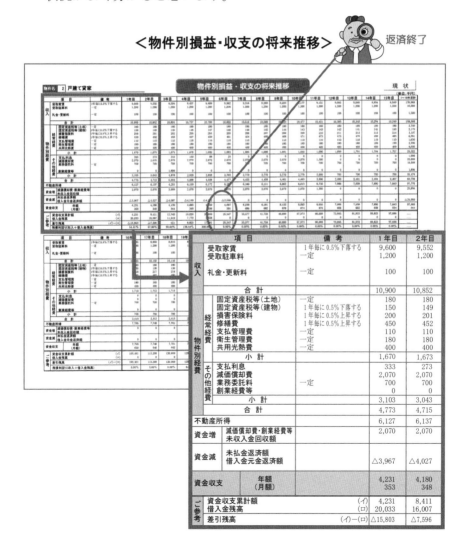

これら以外にも給与所得等、不動産以外の各種所得、各種税金（所得税、住民税、事業税等）なども考慮に入れたキャッシュフロー計算書を各人別に作成することで、より正確に将来の推移を見通すことができます。

　一般の商売ではその時々の経済状況によって業績が大きく変動しますので、それほど長期の分析をしても意味がありません。
　ところが不動産賃貸業の場合にはシミュレーションした結果と実績値にそれほど大きな振れが生じないのです。
　これは対策後であっても同じです。例えば相続税対策として賃貸マンションを建てる場合、事前にシミュレーションすると思いますが、今までの経験では計画と実績にそれほど大きな乖離は生じませんでした。

　こう言うと、「そんなことはない。家賃は下がる一方だし空室だって毎年のように増えてきて資金繰りに追われている。」などと反論される方が必ず現れます。

　確かに、現実問題としてそういったことはよくありますが、それには次の２つの原因が考えられます。

> ＜事前に計画したよりも実際の収支がドンドン悪くなる2つの理由＞
>
> ## ①事前の計画が甘い
>
> 　家賃というのは建物が古くなると通常は下がります。これは過去の統計数値を見れば明らかです。また入居率も同様に建物が古くなるほど悪化します。
> 　にもかかわらず、こうしたことを無視して能天気にシミュレーションしても現実と一致するわけがありません。つまり計画自体にそもそも間違いがあるのです。
>
> ## ②計画達成への努力不足
>
> 　一般の企業だって5年程度の長期経営計画書を作成しますが、通常は計画達成に向けて涙ぐましい努力をします。
> 　翻って不動産賃貸業の場合はどうでしょうか。「不動産所得は不労所得」とばかりに安穏とし過ぎて来なかったでしょうか。確かに過去には古き良き時代もありましたが、残念ながらこれからはそういうわけにはいきません。
> 　様々な収入アップ・経費ダウンの方策を繰り返し、実行し続ける必要があります。本屋に行くと、サラリーマン投資家の書かれた良書が所狭しと並べられています。やることはいくらでもあるのです。こうした努力を何もしないで、ただ愚痴を言うだけでは収支は改善しません。

　以上、解説してきましたように不動産賃貸業の場合には他の事業と比較して長期的には計画と実績にそれほど大きな乖離は生じないのです。

　一方で不動産賃貸業の場合には計画の良し悪しで収支はもちろん相続税に至っては雲泥の差となって現れます。

　したがって<u>対策を実行する前に様々な状況の変化を想定して何度もシミュレーションを繰り返し、キッチリとした長期経営計画を作成する必要があります。</u>

なお、以上はあくまで長期的な経営計画の話です。何らかの理由で空室が急激に増えたとか相続が発生したといった場合には大胆かつ迅速に最善策を取らなければなりません。

短期、中期、長期の対応策はそれぞれ違っていて当たり前なのです。
このことをシッカリとわきまえた上で実行していく必要があります。

ステップ⑥　滞納状況を把握する

不動産賃貸業をやっておりますと、どうしても家賃等の滞納が発生します。特に貸地の場合には長期に亘って訴訟合戦が繰り返されるケースがよくありますが、もしそうした事実があるのであれば分かりやすくまとめておかれることをお勧めします。

裁判関係の資料はもちろん保存されていると思いますが、資料の整理だけでなく今までの経緯について後継者に詳しく説明できるようにしておきましょう。当事者でないと微妙なニュアンスが分からないからです。

ステップ⑦　物件を調査する

所有している不動産が自宅から離れている場合でも億劫がらずに物件調査に行きましょう。百聞は一見に如かずです。

物件調査というと物件だけを見に行くイメージがありますが、付近の状況とか最寄駅、商店街、学校、公園、病院等々、生活する上で必要となる様々な施設も同時に見ておくことも大切な役割なのです。

また、せっかく行くのですからデジカメで気に入った写真をジャンジャン撮っておくことをお忘れなく！

不動産会社に仲介を依頼するとしてもネットに載せる写真やアピールポイントはオーナー自身が準備するぐらいの意気込みを見せてほしいものです。

4 いろいろある不動産オーナーの後継者教育

次の世代へバトンタッチするお客様が急増中！

私のお客様で最近何人もの方が事業承継という課題に直面するようになってきました。いずれも関与して数十年になる方ばかりですが、当初は相続人であった方も今や承継される立場になってきたというわけです。

最初お目にかかった時は様々な課題があり、その解決に追われる毎日だったのが、時が経つのは早いものです。いつの間にか次世代へのバトンタッチという課題に直面することになったのです。

何かのご縁があって今まで長くお付き合いさせていただいているわけですが、何代にも亘ってこうして頼っていただいていることは大変ありがたいことです。是非、事業承継を成功させてあげたいと思っています。

ところで**事業承継というと莫大な財産をできるだけ減らさないで次の世代に受け継いでいくことですが、そのために大切なことは後継者をいかに立派な人格者として育て上げられるかということです。**

不動産賃貸業の場合には様々な方々の手助けがなければうまく行きませんが、自分本位の方には金目当ての人しか近寄って来ません。ところが人格者の周りには自然と優秀な方が現れるものです。

ただし、増々厳しくなる不動産賃貸業、人格者であってもおっとりノンビリでは困ります。他の物件との差別化を図るべく常日頃から様々な情報を入手する必要があります。

そのためには本とか雑誌から知識を得ることはもちろんですが、**不動産賃貸業にマッチした資格がいくつかありますので、できるだけ早い段階でそうした資格を取ることをお勧めします。**

次ページ以降にお勧めしたい資格、お勧めしたい新聞、雑誌、書籍等を紹介しておりますので参考にして下さい。

資格があれば当然ながら名刺に書けますし、様々な情報にアクセスすることができます。また資格を更新するには一定の研修を受ける必要があるのですが、そうしたことも知識の維持には大切なことです。

因みに公認会計士の場合には年間40単位取らなければならないのですが、原則として1単位取るのに1時間の研修を受ける必要があります。もし必要単位を満たしていなければ免許剥奪ですから大変です。そこで私もよく公認会計士の研修会場に行くのですが、90歳は軽くオーバーしているご老人が半分居眠りしながら講師の話を聞いている姿を見かけます。

90歳で年間
40単位は無理！

私はそこまで現役を続行するのはムリでしょうから、できるだけ早く息子に事業承継したいと考えています。幸い、会計士の試験内容が合っているのか、今のところ真面目に勉強している様子。親としては嬉しい限りです。

不動産オーナーが取って損ではないと思われる資格

AFP（アフィリエイテッド・ファイナンシャル・プランナー）

ＦＰの最上位の資格をＣＦＰ（サーティファイド：公認されたという意味）と言いますが、アフィリエイテッド（Affiliated）とは、それに関連した資格という意味です。

因みに公認会計士は英語でＣＰＡ（シーピーエー）と言いますが、これはサーティファイド・パブリック・アカウンタントの略です。「公認された公の会計士」という意味です。

ところで、これらの資格はできてから30年以上になりますが、平成28年6月1日現在における登録者数は次の通りです。

```
ＡＦＰ： 154,948人
ＣＦＰ：  20,674人
```

参考までにＡＦＰの試験範囲を次ページに掲載しておきました。いずれも学校では勉強しませんが、特に不動産オーナーにとっては必要な知識です。

＜AFPの試験範囲＞

A. ライフプランニングと資金計画
1. ファイナンシャル・プランニングと倫理
2. ファイナンシャル・プランニングと関連法規
3. ライフプランニングの考え方・手法
4. 社会保険
5. 公的年金
6. 企業年金・個人年金等
7. 年金と税金
8. ライフプラン策定上の資金計画
9. 中小法人の資金計画
10. ローンとカード
11. ライフプランニングと資金計画の最新の動向

B. リスク管理
1. リスクマネジメント
2. 保険制度全般
3. 生命保険
4. 損害保険
5. 第三分野の保険
6. リスク管理と保険
7. リスク管理の最近の動向

C. 金融資産運用
1. マーケット環境の理解
2. 預貯金・金融類似商品等
3. 投資信託
4. 債券投資
5. 株式投資
6. 外貨建商品
7. 保険商品
8. 金融派生商品
9. ポートフォリオ運用
10. 金融商品と税金
11. セーフティネット
12. 関連法規
13. 金融資産運用の最新の動向

D. タックスプランニング
1. わが国の税制
2. 所得税の仕組み
3. 各種所得の内容
4. 損益通算
5. 所得控除
6. 税額控除
7. 所得税の申告と納付
8. 個人住民税
9. 個人事業税
10. 法人税
11. 法人住民税
12. 法人事業税
13. 消費税
14. 会社・役員間及び会社間の税務
15. 決算書と法人申告書
16. 諸外国の税制度
17. タックスプランニングの最新の動向

E. 不動産
1. 不動産の見方
2. 不動産の取引
3. 不動産に関する法令上の規制
4. 不動産の取得・保有に係る税金
5. 不動産の譲渡に係る税金
6. 不動産の賃貸
7. 不動産の有効活用
8. 不動産の証券化
9. 不動産の最新の動向

F. 相続・事業承継
1. 贈与と法律
2. 贈与と税金
3. 相続と法律
4. 相続と税金
5. 相続財産の評価(不動産以外)
6. 相続財産の評価(不動産)
7. 不動産の相続対策
8. 相続と保険の活用
9. 事業承継対策
10. 事業と経営
11. 相続・事業承継の最新の動向

不動産実務検定

　これは一般社団法人日本不動産コミュニティー（J-REC）という団体が認定している不動産経営に関する実務資格です。マスター資格、１級、２級の３段階ありますが、２級だけでも十分です。是非トライしてみて下さい。入居率アップの具体的ノウハウ等、かなり実践的な知識を身に付けることができます。因みに、この団体の講師が執筆した「**空室対策のすごい技**」（日本実業出版社）という本はお勧めです。実用的なノウハウが満載です。

宅地建物取引士

　以前は宅地建物取引主任者と呼ばれていましたが、改正により税理士等と同じく「士」が付けられサムライ業になりました。

　その関係からか合格するのが難しくなったとの噂です。この資格は不動産取引における代表的な資格なので余裕があるのであれば是非トライしてみて下さい。

　因みに平成28年３月31日現在における登録者数と実際に就業している人数は次の通りです。登録はしてても仕事には従事していない方がかなり多いようですね。

```
登録者数　：　982,545人
就業者数　：　300,003人
```

日商簿記３級

　お馴染みの簿記の資格ですが、この資格は有って損することは絶対にありません。ただし３級までで十分です。２級までは必要ありません。

3級の知識があれば基本的な複式簿記の仕組みは理解できますし、決算書の良し悪しも判断できるからです。テキストをやるだけでも合格は可能ですが、専門学校に行って勉強したほうが理解が速いと思います。

因みに欧米のエリートビジネスマンで複式簿記の仕組みとか決算書を理解できない方はほとんどいないそうです。あくまで噂ですが・・・。

不動産オーナーにお勧めしたい新聞、雑誌、書籍等

全国賃貸住宅新聞 （毎週月曜日発行）

昨年、筆者は「行列のできる不動産相続相談所」というタイトルで12回分執筆しました。この本と同じような内容も取り上げています(本の原稿を書いた後で、その要約を新聞の原稿にすることがあるため)。

家主と地主 （月刊誌）

この雑誌には私も「複式簿記とアパマン経理実務の勉強」というタイトルで連載記事を書かせていただいたことがあります。当社のホームページに当時の記事をそのまま載せていますので参考にして下さい。アパマン経営に係る仕訳事例が紹介されています。

書籍

サラリーマン投資家による不動産投資や空室対策に関する本、あるいは税理士による節税に関する本などはできるだけ読まれたほうがいいでしょう。

「お勧めの本はありますか?」と聞かれることがよくありますが、1〜2冊を厳選するのではなく少なくとも数十冊は読むべきでしょう。時代と共にやり方は違ってきますし、できるだけ多くの方から様々なノウハウを吸収したほうが良いからです。

因みに私の書籍代は新聞代等も含めて年間 70〜80 万円にはなります。これを 30 年以上続けていますので、それなりに出版業界に貢献したのではないでしょうか。もちろん、本を読むことでそれ以上の還元がありましたが・・・。

また研修費はだいたい年間 80〜90 万円ほどです。会計士とか税理士向けの研修だけでなく様々な業界のセミナーにも参加していますので、それなりにお金がかかります。

でもこうした勉強というのは学校の授業とは違って仕事に直接役立ちますので気合が入ります。

様々な関係者の所に挨拶に行く

資産の承継方法が確定したら、次はいよいよ関係者への挨拶回りです。顧問の会計事務所、管理会社、金融機関、主なテナント、親戚等々が考えられます。

最初はもちろん親に同行してもらいますが、徐々に一人で行くようにします。人によっては緊張するかも知れませんが、少しずつ慣れるしかありません。何事もそうですが、一人で行動してみて初めて度胸がつくのだと思います。

第2節 最低限、守ってほしい3つのこと

　以上、事業承継が大切であるということをツラツラ書いてきたわけですが、事業承継を成功に導くために最低限、守ってほしいことを3つほど挙げておきます。
　それは①早い段階から事業承継について家族で話し合うこと、②脱税は絶対にしないこと、③何代にも亘って指導を仰ぐ会計専門家を雇うこと、です。以下、それぞれについて補足しておきます。

1 早い段階から事業承継について家族で話し合うこと

　できるだけ早い段階から事業承継についてご家族でよく話し合われることをお勧めします。少なくとも親が70歳になるまでには済ませたいところです。
　例えば今が65歳とすると、お子様は既に社会人になられているでしょうから将来に対する何らかの考えを抱いているのではないかと思います。
　肩肘を張る必要はさらさらありません。常日頃から日常会話として気楽な気持ちで話し合われたらいかがでしょうか。

学生の時はほとんど興味を示さなかった不動産経営に関することを少しずつ食卓の話題に乗せるというので十分です。
　一般の事業承継も同じですが、一番良くないのはいつまで経っても事業承継の話を親の側から話そうとしないことです。
　特に子供が複数いる場合、親がどのように考えているのか話さないと子供もどうしていいのか分かりません。

　日本人というのは「阿吽の呼吸」で分かるはずだとよく言われますが、64年も生きてきてそれは間違いだと自信を持って言えます。言われないと分かりませんし、聞かないと分からないのです。
　なお親から見ると子供というのは頼りないのですが、そんなことは当たり前です。人生経験が全く違うのですから・・・。逆に最初から親と同じレベルの能力があったとしたら、それこそ脅威ですが、そんな人はいません。

　また資産家のお子さんの中にはハングリー精神に乏しい方やノンビリ屋さんがいて、これから先シッカリとやっていけるのか心配になるかも知れません。
　でも、それも仕方のないことだと思います。仕事を任せることで徐々に不動産賃貸業の厳しさを学んでいくしか他に方法はありません。
　一番いけないのは心配だからといつまでも子供に任せないで自分でやってしまうことです。親というのは通常は子供よりも早く死にます。死んだら何も教えられなくなります。したがって生きている内に自分の知っていることを何でも教えるべきなのです。

　なお40ページにも書いていますが、この本で取り上げている大地主というのは所有地の面積が少なくとも3,000㎡はあることを想定しています。

これはサラリーマンを辞めても不動産収入だけで十分生活できると思われる土地の面積ということです。

　もちろん土地の所在場所によってはこれより小さくても十分な収入を期待できる場合もありますし、逆の場合もあります。いずれにしても脱サラをすることを前提にしています。

　ただし、脱サラしても不動産業以外に何らかの事業をやることは構わないでしょう。我々のお客様もそうした方はいらっしゃいます。

② 脱税は絶対にしないこと

　皆様方は不動産賃貸業における**脱税**とはどういったものを指すと思われますか？　それほど難しくありません。家賃収入を売上から除外するとか架空の人件費や経費を計上することです。

　これらは明らかに脱税行為であり、厳に慎まなければなりません。人間というのは面白いもので一度でも悪事を働くと、バレルまで何度も繰り返します。万引きしかり覚醒剤しかりです。

　ところで私がなぜこうした脱税のことに触れたかと言いますと、**脱税をするような方は事業承継が上手くいかないケースが圧倒的に多いからです。**

脱税をする方は
事業承継がうまく
いかない…

まず会計事務所との関係が自然と疎遠になっていきます。最近は国税当局も特に脱税については厳しく取り締まりをしておりますので会計事務所の側に立てば脱税をするようなお客様とはお付き合いしたくないのです。

これは会計事務所以外でも同じです。金融機関然り、管理会社然りです。また家族関係も上手くいっていないケースが多いようです。

要するに**事業承継というのは様々な方の協力が必要になるのですが、脱税をするような方はそうした回りの方々の協力が得られなくなる**のです。

もちろん**節税**は大いにやらないといけません。節税に時間とエネルギーを投入しないで能天気に税金を払っているようでは不動産オーナーとして失格です。

いずれにしても**繁栄する大地主を目指すのであれば脱税からは即刻足を洗い、間違えている会計処理は早急に改善しましょう。**

何代にも亘って指導を仰ぐ 会計専門家を雇うこと

欧米の資産家はほとんどがそれぞれの課題毎に専門家を抱えています。例えば病気には医者、法律問題には弁護士、家計問題には資産税に詳しい税理士または会計士といった具合です。

| 決算・申告業務 |⟩| 資産税業務 |

　ところで手広く不動産経営をしている不動産オーナーはほとんどが税理士とか会計士に決算・申告業務を依頼していると思いますが、そうした業務と資産税業務は全く異なります。

　所得税とか法人税の申告業務というのはルーティーン化されていますので、わずかな経験でもやれるようになります。もちろんベテランの税理士がシッカリとチェックする体制を整えておく必要はありますが、慣れてくるとそれほど難しいものではありません。

　ところが**資産税業務は個別の案件毎に内容がまるっきり違っていますので、かなりの経験がないと間違った提案をしてしまうのです。**

　それでも相続税とか贈与税、譲渡所得税などの申告書を作成する業務はそれほど難しくありません。その理由は判断することが比較的少ないからです。例えば相続税の申告というのは亡くなった時の財産を所定の方法で評価し税額を計算するだけです。

　もっとも**遺産分割をどうするかについてはある程度の経験がないと難しいというのも事実です。**分割の方法で税額がかなり違ってきますし相続人間で揉めないように工夫する必要があるからです。

分割の方法で
税額がかなり違う

　このように申告書の作成というのは過去の出来事を事実に即して忠実に計算するということなので資産税関係でもそれほど難解な部類には属しません。

ところが生前の対策になるとガゼン難しくなります。その理由は選択肢が余りにも多いので、その中からお客様にとって最善の方法を選ぶことが困難を極めるからです。

例えば土地の有効活用一つにしたって、どこに、何を、誰が、どれほどの規模で建てたらいいのか、資金はどうするのか、等々キリがないほど検討を要する項目があります。

もちろん、こうしたことを会計事務所が全て行なうことは不可能ですが、ある程度の方針は決めるべきだと考えています。

建物の規模によって相続税が大きく違ってきますし、その結果、納税方法も変わってくるからです。

以上は土地活用だけの説明ですが、**相続対策にはそれこそ数えきれないほどの種類があります。それらをどのように組み合わせればお客様にとってベストなプランになるのか具体的な数値でシミュレーションする必要があるのですが**、こうしたことができる会計事務所は残念ながらそれほど多くなさそうです。

したがって、もし顧問の先生がそうした業務を得意としていないのであれば資産税に詳しい先生にセカンドオピニオンとしてアドバイスしてもらうことをお勧めします。大地主の場合には簡単に億単位の違いとなって現れるからです。

また不動産オーナーの場合にはどうしても長いお付き合いになります。信頼できる方に何代にも亘って指導を仰ぐことが結果として「繁栄」の道に繋がるのだと思います。

Coffee break

若い税理士の成り手が減っているのをご存じですか？

　皆様方は税理士試験の受験者が減っているのをご存じでしょうか？　次のグラフをご覧下さい。税理士受験者数の推移が表示されています。

　これによりますと、平成19年度の受験生は53,324人でしたが、平成27年度は38,175人にまで激減、率にして3割も減っているのです。特に30歳以下の受験生の割合は13ポイントも下がっています。

<30歳以下の受験生の割合>

平成19年度 ： 44.3%

平成27年度 ： 31.3%

第2章 「繁栄」のためにやるべきこと

このように若い受験生が著しく減少しているわけですが、その理由はどういうところにあるのでしょうか?

公認会計士の場合には税理士試験のように科目合格制ではなく、一定の期間に短答式と論文式の両方の試験に合格しなければなりません。

したがって仕事をしながら合格するということは極めて難しいので通常は勉強に専念し短期合格を目指します。それで合格しなければ諦めるという選択肢しか残されておりません。

ところが税理士の場合には科目合格制なので極端な話、毎年一科目ずつ受験してもいいわけです。そのため仕事をしながら受験している方が非常に多く、結果として合格までに長期間を要するのです。

「仕事をしながら一科目ずつ受験する」と言えば何となくできそうな気がしないでもありませんが、同僚が飲みに行っているのにこちらは勉強の毎日。それも1、2年では終わりません。4年も5年も続けなければならないのです。なかなかできることではありません。

考えてみたら公認会計士の場合には三次試験があり、少なくとも3年間は仕事をしながら受験勉強しますので、こちらも大変さにおいては引けを取りません。私も若い頃は頑張ってたんですね。

ところで、いくら大変な試験だとしても合格することで収入が大幅にアップするならその努力も報われるのですが、果たしてどうでしょうか。

35ページでご紹介した通り、税理士の顧問先となる企業の数はドンドン減っています。ところが一方で税理士の登録者は増えているのです。

＜全国の税理士登録者数の推移＞

平成　2年 ： 55,340人
平成 10年 ： 63,446人
平成 20年 ： 70,664人
平成 28年 ： 75,643人(※)

※次ページの「**資格別税理士登録者数**」参照

<資格別税理士登録者数(平成28年度)>

資格	人数
税理士試験合格者	34,531
試験免除者	26,016
公認会計士	9,004
特別試験合格者	5,488
弁護士	574
その他	30
合計	75,643

　一番多いのは税理士試験合格者ですが、次に多いのは試験免除者です。試験免除者というのは税務署OBとか大学院で税法等の科目を履修することで、それらの科目が免除された者などです。
　そして公認会計士が約9,000人いますが、公認会計士は特に税理士試験を受けなくても登録することで税理士になることができます。私もその一人です。
　また弁護士の場合も公認会計士と同様、無試験で税理士になることができますが、税理士登録すると毎年会費を払う必要がありますし、間違った指導で納税者に損害を与えますと賠償責任を負わされます。したがって600人足らずしか税理士登録しておりません。

　このように税理士の受験者数は確かに減少しているのですが、脱退する人より新規に加入する人のほうが多いので登録者数は増えているのです。

　弁護士も合格者数を増やした結果、仕事の取り合いで大変だと雑誌で読んだことがあります。
　会計士を含め、どの業界も大変です。私も頑張らないと‥‥。

第二部

繁栄か衰退か、カギを握る8つのテーマ

第3章

手遅れにならないための家族信託による認知症対策

最近物忘れが激しくなったなあ。昨日、風呂に入ったのかどうかも思い出せない時がある。

日本は世界でも有数の超長寿社会に突入しています。それはそれで大変結構なことですが、歳を取るとどうしても認知症になる確率が高くなります。
　そして認知症になると、その瞬間から相続税対策なるものは一切できなくなるのです。
　もちろん考えられる限りの対策を既に実行済みであればアタフタすることもありませんが、そうでない場合には家族信託という比較的新しい制度を活用して認知症に備えておかれることをお勧めします。

認知症になったら一切何もできなくなります。そうならないよう今からシッカリ準備しておきましょう！

１　家族信託とは？

皆様方は家族信託という言葉を聞かれたことはありますか？　家族信託とは要するに家族の誰かに自分の所有している財産を信じて託することです。

　例えばアパートを経営している父親が管理を息子さんに委託するとか、所有している土地の有効活用に関する一切をお子さんに委託するといったことです。

　もちろん、これら以外にも法に触れないことであれば基本的に何でも委託できますが、家族に委託するという点がミソです。家族といっても身内で設立した株式会社や一般社団法人などの法人でもOKです。

　そして家族信託の場合には受託者が行なった行為が委託者である本人の行為として法律上認められるのです。

２　認知症になったら何もできなくなる！

　ところで、この章のタイトルを「手遅れにならないための家族信託による認知症対策」とした理由は、もし本人が認知症になり正常な判断能力が失われたら、その瞬間から法律上も税務上も一切の対策を講ずることができなくなるからです。

　例えば相続税対策として駐車場になっている土地にアパートを建てようと考えていたとしても、認知症になったら基本的に何もできなくなります。

もし相続人が本人に代わって工事請負契約書にサインしてもそれは本人の行為としては認められません。あくまで相続人が施主としてサインしたことになるのです。

　つまり税務上は相続人が親の土地を借りてアパートを建てたという取り扱いになってしまうということです。これでは相続税対策にはなりません。

　そうしたことから相続税がかなりかかる場合で、まだやり残していることがあるのであれば、<u>何はさておき不動産経営に関する諸々の業務を後継者に委託する家族信託契約書を交わされることをお勧めいたします</u>。認知症になってしまったら家族信託の契約自体できなくなってしまうからです。

　ところで認知症になった場合の対策として**成年後見制度がありますが、これだと後見人は現状を維持するためだけの財産管理しかできません。**

　例えばアパートの管理はできるが、アパートを建てるとか収益不動産を購入するといったことは一切できないのです。

　一方で成年後見人の場合には財産管理以外に身上監護もできますが、家族信託の場合には権限が財産管理に限定されていますので実務上は両方の制度を併用することが多いです。

＜家族信託と成年後見制度との違い＞

項　目	家族信託の受託者	成年後見人
権限の内容	財産管理のみ可（身上監護は不可）	財産管理、身上監護とも可
財産管理の範囲	信託目的の範囲内であれば積極的に運用・処分することも可能	財産を積極的に運用・処分することは不可。あくまで現状の財産を維持することしかできない

③ 家族信託の概要と現時点での課題・問題点

　このように家族信託は認知症対策として非常に有効な制度なので特に大地主の場合には積極的に活用していただきたいのですが、ほとんどの方は初めて耳にする制度でしょうから、ここで簡単に家族信託の概要についてまとめておくこととします。

　ところで家族信託を実施する場合にはいくつかの業界が関係してきますが、現時点ではまだまだ試行錯誤の状況にありますので様々な課題・問題点があるのも事実です。そこで、そうした点についても包み隠さず、できるだけ分かりやすく紹介しておきたいと思います。

　なお、ここでは家族信託そのものを設定する段階と、土地活用としてアパートを建設・運営する段階に分けて解説しておきます。

まだまだ

＜1. 家族信託そのものを設定する段階＞

項　目	解　説	現状での課題・問題点
①家族信託契約書の作成	家族信託とは要するに委託者の所有する財産を契約書に記載したとおりに管理・運営・処分することを受託者に委託することです。 そのためには詳細な家族信託契約書を作成する必要がありますが、通常は司法書士、弁護士、税理士などの専門家が原案を作成してくれます。	今のところ家族信託を取り扱っている専門家は限られており、大多数の方は「何、それ？」といった状況です。 また契約書が完成するまでには相当の時間と労力を要するため通常の業務と比較して報酬が高めですが、人によってかなりの開きがあるのも事実です。
②公正証書	信託契約書自体は公正証書にする必要はありませんが、できるだけ公正証書にすることをお勧めします。その理由は委託者の判断能力が問題になったとき、公正証書が有力な証拠となるからです。また公正証書であれば紛失した時に再発行してもらえます。	公証人にも家族信託に慣れている方もいれば、そうではない方もいます。これに関しては最寄りの公証役場である必要はありませんので、慣れた公証人がいる所にお願いすればいいわけです。
③不動産の信託登記	不動産を信託する場合、登記名義人を委託者から受託者に変更します。この場合、物件毎に家族信託の内容を詳しく登記することになります。	不動産の登記は司法書士が行なうことになっていますが、家族信託の登記ができる方はまだまだ限られています。
④金融資産の名義変更	不動産の場合には上述したとおり登記名義人を受託者に変更するのですが、金融資産を信託する場合には預貯金口座の名義人を例えば「**信託口　信託受託者〇〇〇〇**」のように変更します。	これについても金融機関の対応には極端な差があります。家族信託の場合には莫大な額の預貯金が簡単に他行に移るにもかかわらず、対応の違いには唖然とします。
⑤確定申告 （既に不動産所得があるケース）	不動産の名義人は受託者に変わりますが、実質の所有者は委託者のままです。したがって従来どおり委託者の所得として確定申告することになります。	確定申告書とは別に「**信託の計算書**」という書類を作成して税務署に提出する必要がありますが、これが意外と大変。理由は信託財産毎に作成しなければならないので物件が多いとかなりの手間を要します。

＜2．土地活用としてアパートを建設・運営する段階＞

項　目	解　説	現状での課題・問題点
①工事請負契約書の作成	建築プランが決まったら次はハウスメーカーや建設会社と工事請負契約書を交わすことになります。	契約者名を誰にするか、あるいはどのような表現にするかが実務上ではかなり問題になります。大手のハウスメーカーでも試行錯誤の状態ですから、地場の工務店の場合にはいったいどうなることやら。
②金銭消費貸借契約書の作成	アパートを建てる場合にはほとんどのケースで金融機関から建築資金を借ります。そのためには金銭消費貸借契約書に署名押印する必要があります。	工事費を借りる場合は前ページの「④金融資産の名義変更」の時よりも金融機関は慎重になります。そのため現状では融資の検討すらしないところ、細かいことをいろいろ要求するところまで千差万別です。家族信託は大きなビジネスチャンスなのですから、できるだけ早急に対応してもらいたいものです。
③損害保険加入の申込	建物が完成しますと火災保険とか地震保険等に加入することになります。	驚くべきことに加入申込者を委託者個人でないと受け付けない損保会社が大多数です。
④賃貸借契約書、管理委託契約書などの作成	建物が完成しますと、いよいよ入居者と賃貸借契約書を交わします。また管理会社との間で管理委託契約書を交わすことになります。	家賃の振込口座は前述した「信託口　信託受託者〇〇〇〇」となります。したがって家族信託を取り扱っていない金融機関はかなりの痛手を被るのではないでしょうか？

このように家族信託に関しては、どの業界もまだまだ試行錯誤の状態ですが、家族信託をやらずに認知症になってしまったら、それこそ一貫の終わりです。何の対策もできずに相続を迎えてしまうことになります。

何の対策もできずに…

　もちろん相続税がそれほどかからないのなら心配に及びませんが、大地主の場合には通常、莫大な額の相続税が待っているのです。
　相続税の大変さについては次章で詳細に解説しておりますが、相続税の納税でかなりの不動産を無くしたとしたらそれこそ先祖に申し訳が立たないことになってしまいます。
　したがって今まであまり対策という対策をやってこなかった方は、**取りあえず家族信託を結んでおき承継人がいつでも対策を実行に移せるように準備しておかれることをお勧めいたします。**

取りあえず家族信託を！

第4章

本当に怖いのは"借入金"ではなく"相続税"です！

相続税も借金のうち。
不動産経営における借入金との
違いが詳しく書かれているので、
シッカリ勉強しましょう。

不動産経営といえば借金とは切っても切れない間柄。借金が好きな方は一人もいませんが、怖がっていては何も解決できません。

　よく、「相続税が高いといっても全部持っていかれるわけではない。変に借金してアパマンなんか建てるより、お国のために納税したほうがいい。」との見解を述べられる方がいらっしゃいますが、そういう方は恐らく多額の相続税を納税した経験がないのだと思います。

　数千万円程度の税額であれば悠然と構えていてもどうにかなりますが、億単位になると資金手当てにかなり苦労します。

　この章ではほとんどの方にとって悩ましい不動産経営における借入金と相続税がどのように異なるのか、そして相続税のほうが如何に大変なのかについて詳しく解説しておきました。

　土地オーナーだけでなく、ハウスメーカー等の営業マンとか銀行員もシッカリと勉強しておいて下さい。

ジックリ読んで借入金と相続税の違いをキッチリと理解して下さい。

第4章 本当に怖いのは"借入金"ではなく"相続税"です！

第1節
本当に怖いのは不動産経営における借入金ではなく、見返りのない相続税です

　一定以上の財産を所有していると相続税が課税されますが、この場合の相続税と不動産経営における借入金は同じく負債ではありますが、両者には決定的な違いがあるということはご存じでしょうか？

　恐らく、ほとんどの方はそうした認識はないと思われますので、ここで詳しく解説しておきたいと思います。

　まず最初に次ページの**図表1**をご覧下さい。Ａさんの所有財産と、Ａさん（一次相続）およびＡさんの奥さん（二次相続）に相続が発生した場合の相続税額が計算表示されています。

　金融資産と土地と合わせた5億円に対して相続税が一次、二次合計で1億1,475万円となっています。金融資産が5,000万円で相続税が1億1,475万円ですから、何らかの対策を取らないと、このままでは一括納付できません。

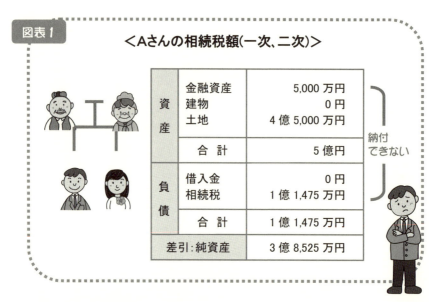

それでは次に**図表2**をご覧下さい。これは、この土地にアパートを建てた場合の相続税額を計算表示したものです。

計算過程は省略しますが、全額借入金で2億円のアパートを建てた場合の相続税は3,754万円ですから、金融資産5,000万円で納税可能です。

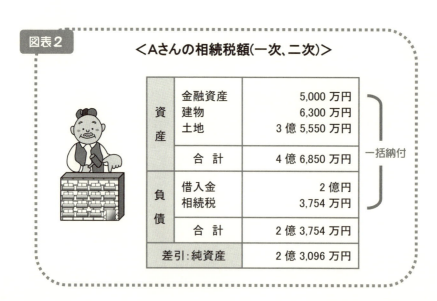

このようにアパートを建てなかったとしたら手持ちの金融資産では相続税を納税できないAさんですが、建てることによって一括納付できるようになりました。

それでは次にそれぞれの負債の欄を見てみましょう。**図表1**では相続税の1億1,475万円だけですが、**図表2**では借入金が2億円ありますので合計では2億3,754万円となり、1億2,279万円の増加です。

つまりアパートを建てることによって相続税の額はウンと安くなるが、負債としては1億円以上も多くなるということです。

よく営業マンが口にする**「借金してアパートを建てれば債務控除により相続税がウンと安くなりますよ！」という言葉は間違いでない**ことが証明されたわけですが、以上のように借入金を合わせた負債の額もウンと増えるわけです。

借金すると
相続税がウンと
安くなります

いかがですか？　これでも借金してアパートを建てますか？　そう言われると、なんか心配になりますよね。それではここで次ページの**「相続税と不動産経営における借入金の比較」**をご覧下さい。

負債額が
ウンと増える…

<相続税と不動産経営における借入金の比較>

項　目	相続税	不動産経営の借入金
①支払時期	相続後	生前
②支払回数 　または期間	原則として現金一括納付(延納の場合は延納期間)	借入金の返済期間
③金利の経費性	延納の場合の利子税は経費にならない	金利(支払利息)は不動産所得の経費となる
④元金の経費性	相続税を支払っても何の経費にもならない	元金返済額は経費にならないが、借入金で建てた建物は減価償却資産として経費に算入できる
⑤支払原資	相続時点で所有している金融資産または不動産等の売却資金(延納の場合は将来における何らかの収入)	入居者が支払う家賃

　この中で特に重要なのは「①支払時期」、「④元金の経費性」、「⑤支払原資」です。

　まず「①支払時期」ですが、相続税は当然ながら相続後に支払うことになります。一方のアパート経営の借入金は生前に支払います(相続税対策として生前に建設するケース)。

この違いは何を意味しているのでしょうか？　相続税のように相続後に支払うということは相続時点での相続税の課税対象が減らないというです(ただし、二次相続では一次相続で支払う相続税額だけ財産が減りますので、これはあくまで一次相続に限定した説明だとお考え下さい)。

　一方のアパート経営の借入金は生前に支払いますので、**自己資金で支払った場合はそれだけ金融資産が減りますし、借入金で支払う場合にも借入金という負債が増加するので実質的には同じことです。**

　こう言うと、「自己資金で支払おうが借入金で支払おうが建物という財産が同じ額だけ増えるのでプラマイゼロではないですか？」と厳しいツッコミをする人が現れそうなのですが、ここでその違いを解説しておきます。

　確かに時価ベースでは同額ですが、アパートのような建物の場合には時価の35％程度で評価されます。また、土地も貸家建付地として20％ほど評価が下がります。

　このように<u>支払時期が生前か相続後かによって評価額に格段の差が生ずるのです。</u>

　次に、「**②元金の経費性**」ですが、ご承知のように借入金の元金返済額は経費になりません。ただ、お金が出て行くだけです。
　ところが借入金で建てた建物は減価償却費という形で徐々に経費になります。つまり**「実質的には借入金は経費になる」**ということです。

一方の相続税はどうか。相続税はいくら支払っても一切経費になりません。所得税とか法人税と同じです。ところが減価償却費の場合には徐々にではありますが、2億円という巨大な額が全部経費になるのです。これは大きい！

つまり**借入金でアパートを建てた場合には相続税が安くなるだけでなく、不動産所得の節税にもなるのです。**

最後に、「⑤支払原資」ですが、相続税は現金一括納付が原則なので相続時点で有している金融資産または不動産等を売却した資金で支払うことになります。

延納を認められたとしても、それは自分で獲得する何らかの将来収入から支払っていかなければなりません。

一方の借入金の返済の場合はどうか？　アパート経営というのは家賃収入から借入金の返済をするように計画するわけですから、原則として手持ちの金融資産とか不動産を売却して支払うということはありません。

もちろんアパート経営がうまく行かなかった場合には手持ち資金から支払ったり不動産を手放すこともありますが、アパート経営の本来の仕組みはそうではありません。家賃収入から借入金とか様々な経費を支払った上で、それ以上に儲けるために始めるわけです。

それではここでもう一度、**図表2**(84ページ)をご覧下さい。借入金2億円、相続税3,754万円となっています。このうち借入金2億円は以上で説明したように、自分の財産から支払うのではなく将来の家賃収入から支払います。つまり同じく負債には計上していますが、相続税とは全く内容が異なるものなのです。

このように同じ負債でも「**相続税は財産を減らすだけですが、不動産経営における借入金は財産を減らすことなく、むしろ財産を増やす役割を担っている**」ということです。

もう少し別な言い方をしますと、「<u>**不動産経営における借入金は相続税の計算上は債務として控除するが、実際は入居者が支払ってくれるので実質的には債務ではない**</u>」ということもできます。

よく「借金するのが怖い」ということでアパマン経営に消極的な方がいらっしゃるのですが、「**怖いのはアパート建設の借入金ではなく多額の相続税の存在である**」ということがお分かりいただけたでしょうか。

第2節 間違えると怖い「テコの原理」

　以上、不動産経営における借入金よりも相続税のほうがウンと怖いという話を延々としてきたわけですが、このままでは不動産に投資する場合の借入金だったら全く問題ないと楽観視されても困ります。

　そこで、ここでは借金して不動産投資をする場合によく引き合いに出される**「テコの原理」**について警告の意味を込めて詳しく解説しておきたいと思います。

　この言葉、ある程度はご存じと思いますが、要するに<u>自己資金だけだと効果もタカが知れているが、借金することで投資規模を大きくでき、結果、より大きな果実をもたらすことができる</u>というものです。

　例えば、自己資金が1,000万円あるとします。この1,000万円を使って利回り8％の区分所有マンションを購入すると、毎年の収支は次のように60万円になります。

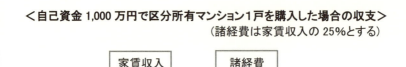

＜自己資金1,000万円で区分所有マンション1戸を購入した場合の収支＞
（諸経費は家賃収入の25％とする）

収支 ＝ 1,000万円 × 8％ － 20万円 ＝ 60万円

　それでは次に**「テコの原理」**を利用して、この1,000万円に4,000万円の借入をして5戸の区分所有マンションを購入した場合、収支はどうなるでしょうか。

第4章　本当に怖いのは"借入金"ではなく"相続税"です！

<5,000万円で5戸の区分所有マンションを購入した場合の収支>
（自己資金1,000万円＋借入金4,000万円）
（諸経費は家賃収入の25％とする）

収支 ＝ 5,000万円 × 8％ － 154万円 － 100万円 ＝ 146万円
　　　　　　　　　　　　　（家賃収入）　（借入金返済額）　（諸経費）

※借入条件：期間30年、金利1.0％

このように毎年の収支は146万円になります。借入金という他人資本を使うことで60万円の収支を146万円までアップできるというわけです。

ところで、この事例では確かに収支がアップしましたが、果たして常にこのようにうまく行くのでしょうか？　様々な書籍を読むと、借入金により投資規模を大きくすればするほど、それに比例して収支が良くなるように書かれています。

果たして本当でしょうか？　以下、具体例を挙げて検証してみたいと思います。

それではまず最初に次ページの**図表3のケース1**をご覧下さい。これは全額自己資金で区分所有マンションを1戸購入した場合と、借入金4,000万円を足して区分所有マンション5戸を購入した場合の利回り毎の収支を計算表示したものです。

借入条件は上述した事例と同じく、期間30年、金利1.0％です。利回りは8％から5％まで全部で4段階まで計算しました。

これを見ますと利回りが8％から6％までは借金して購入したほうが収支が良くなっています。ところが5％の場合には借金しないで自己資金だけで購入したほうが若干ではありますが収支が良いようです。

このように利回りによっては借金しないで自己資金だけで購入したほうが有利なケースがあるということです。

図表3

＜全額自己資金の場合と借金した場合の収支比較＞

■ケース1 （借入期間：30年、金利：1.0％、諸経費：収入×25％）　（単位：万円）

項目	5,000万円(借入金4,000万円)				1,000万円(全額自己資金)			
利回り	8％	7％	6％	5％	8％	7％	6％	5％
家賃収入	400	350	300	250	80	70	60	50
△借入金返済額	△154	△154	△154	△154	—	—	—	—
△諸経費	△100	△88	△75	△63	△20	△18	△15	△13
差引：収支	146	108	71	33	60	52	45	37

■ケース2 （借入期間：20年、金利：2.5％、諸経費：収入×25％）　（単位：万円）

項目	5,000万円(借入金4,000万円)				1,000万円(全額自己資金)			
利回り	8％	7％	6％	5％	8％	7％	6％	5％
家賃収入	400	350	300	250	80	70	60	50
△借入金返済額	△254	△254	△254	△254	—	—	—	—
△諸経費	△100	△88	△75	△63	△20	△18	△15	△13
差引：収支	46	8	△29	△67	60	52	45	37

それでは次に**ケース2**をご覧下さい。これは借入条件を先程より厳しく、期間20年、金利2.5％とした場合の収支を計算したものです。

これを見ますと全ての利回りにおいて全額自己資金で購入したほうが有利であることが分かります。返済期間が短く、金利も2.5％と比較的高い場合は、この程度の利回りでは収支がマイナスになることもあるということです。

こうしてみると、**物件の利回りとか借入条件によっては、テコの原理に従って投資規模を拡大するとトンデモナイ結果になる**ということがご理解いただけたのではないでしょうか。

なお、以上の分析は「**テコの原理**」が必ずしもプラスに働かないことがあるということを証明するためのものであって、この程度の利回り物件を投資対象から全て排除すべきであると考えているわけではありません。

場所が良くて比較的新しい物件の場合には利回りが5％程度というのは今では普通ですし、**相続税対策のためには収支はある程度、犠牲にしてもトータルとしてのメリットがあれば実行する価値がある**と考えています。

もちろん、その前提として、すでに多くの物件を所有しており多額の家賃収入があるとか、かなりの自己資金を用意できるといった方を想定しています。

「対策というものは、対策そのものの良し悪しではなく、その対策がその人に合っているかどうかをジックリと見定めることが重要」なのです。

ある方にとってはダメな対策だけど、別の方にとってはバッチリということはよくあることです。

ウチにはだめだが…

第3節 意外と難しい マンション経営による三世代相続

　以上、長々と説明してきたように不動産経営と借入金は切っても切れない関係にあるのですが、借金というのは気持ち的にはやはりイヤなものです。
　それが証拠に金融機関から完済の通知が来ると、何となく晴れ晴れしい気持ちになります。「ヤッター」という感じでしょうか。長年の重圧から解放され、ウキウキした感じになります。
　このように借金の完済は嬉しい反面、一方で困った事態が発生します。いまいましい相続税です。**借金の返済が進むにつれ、今度は相続税がドンドンと増えていくのです。**

　84ページの例で借金を完済した時点での相続税の額を計算すると、次ページの**図表4**のように1億253万円となります。
　借金が無くなった代わりに今度は相続税が1億253万円にアップです。せっかく苦労して借金を返済したのに、今度は相続税に苦しめられるというわけです。

第4章　本当に怖いのは"借入金"ではなく"相続税"です！

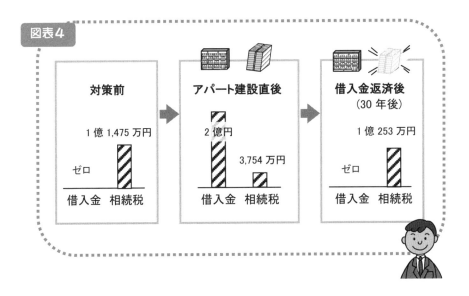

図表4

「何だ、せっかくアパマン建てても時間が経てば元の木阿弥か。これじゃやっても意味ないじゃん！」と思われましたか？

ご安心下さい、以上の説明にはトリックが隠されています。それは借入金返済後の相続税の意味です。ここに記載している相続税はどなたの相続税ですか？　借入金の返済期間を30年とすると、30年後の状態です。

もちろん今回の事業主である父親が比較的若い場合にはまだ相続が発生していないかも知れませんが、そうでなければ既に亡くなっているハズです。

したがって、**図表4**に記載されている借入金返済後の相続税というのは財産を相続した子供が亡くなった場合の相続税のことです。

そして通常の場合、そのお子さんはまだお若いでしょうから、すぐには相続は発生しません。

そこで、お子さんの相続の時には、また建て替えればいいということです。建て替えれば、また相続税はドーンと下がります。つまり借入金返済後の相続税1億253万円は単なる計算上の数値であり、実際に支払う税額ではありません。

　このように<u>建物の耐用年数ないし借入金の返済期間が30年とか40年程度であれば、建て替えを繰り返すことで何とか相続税を乗り切れそうです。</u>

建て替えを繰り返す

　ところが18ページ以降でも書きましたように、ＲＣとかＳＲＣ等の立派なマンションの場合には困った事態が発生します。それはマンションの経済的耐用年数が50年とか60年にもなるからです。

　ＲＣ等のマンションの現在の法定耐用年数は47年ですが、以前は60年でした。これは昔のマンションのほうが長持ちするからではなく、政策的に短くしてくれているだけなのです。当然ながら今のマンションのほうが性能が上なので、大規模リフォームを繰り返せば60年は軽く持ちます。

　するとどういうことになるかといえば、<u>相続人の代で建て替えることができないということです。もちろんできないことはないのですが、まだまだ使えるのでモッタイナイということになります。</u>

　それでは、こうした事態にどのように対処するのか、これが今問われているのです。これについては不動産オーナー毎にそれぞれ考えるしかありませんが、どのような対処方法があるのか、いずれケース別にまとめたいと考えております。

第4節 借金しない方法もある

　以上、不動産経営における借入金に関して様々な観点から検討してきたのですが、借金するのはどうしてもイヤだという方もいらっしゃるでしょうし、土地の所在場所によっては借金しないほうがいい場合もあります。

　そこで、ここでは借金しないで不動産経営する方法にはどのようなやり方があるのかについてまとめておきましたので参考にして下さい。

＜借金しないで不動産経営をする方法＞

金融資産がタップリ

一部の土地を売却

都心の物件に買い換える

広大地評価を受けられる土地に買い換える

等価交換でマンションを建てる

定期借地の保証金でアパートを建てる

1 もともと金融資産がタップリあるケース

　例えば、収用で土地を売却したようなケースで億単位のお金を所有している方がいらっしゃいます。

　そうしたお金を貯蓄しておき相続税の納税資金として充当することも一つの考え方ではありますが、ある程度、余裕があるのであれば、そうしたお金をアパマン等の建築資金に充当されたらいかがでしょうか？

　お金というのは使い勝手はいいのですが、相続税の節税にはなりません。もし多額の相続税がかかるようであれば土地活用とか収益不動産の購入資金に充当して少しでも節税に役立てられることをお勧めいたします。

　借金のほとんどない賃貸物件の取得は相続税の節税に効果があるだけでなく、安定した収入をもたらしてくれるのです。

　毎日のように目減りしていく預金通帳を眺めているよりも、入居者から振り込まれてくる家賃入金を眺めているほうが余程楽しいと思いませんか？

2　一部の土地を売却して賃貸物件を建設するケース

　都心で最寄駅から近く住環境もよければ不動産経営で失敗することはほとんど考えられません。
　したがって、そうした土地の場合には全額借金してアパマン等を建てても特に問題ないと思います。

　ところが最寄駅から離れているとか住環境もそれほど良くない場合にはかなり慎重に対処する必要があります。
　もちろん最寄駅から離れていても介護施設であるとかファミリー向けの戸建て賃貸であればそれなりに需要はありますが、多額の借入をすることには賛成しかねます。
　そうした土地の場合には**一部の土地を売却して、その資金でもって建物を建てることをお勧めします。**

　例えば、次のような土地の場合、5区画の土地を売却して残りの8区画に戸建て賃貸を建てるといったプランが考えられます。そうすれば無借金で不動産経営が可能ですから、リスクはほとんどありません。
　何もしなければ相続税でかなりの土地が無くなることを考えれば、できるだけ生前に対策を実行すべきでしょう。

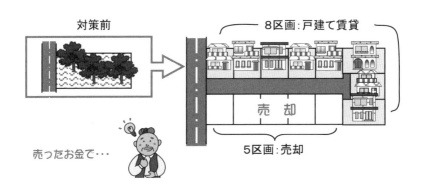

③ 立地条件の悪い物件を売却して都心の物件に買い換えるケース

　立地条件があまり良くない土地であっても介護施設であるとかファミリー向けの戸建賃貸を無借金で行なうのであればリスクは少ないということを上記「②一部の土地を売却して賃貸物件を建設するケース」で述べました。
　それでも何らかの理由で空室が増え、予定した収入が得られなくなることはありえます。こうした場合、借金の返済が無いためデフォルト（債務不履行）になることはありませんが、収入が減ることで家族間にいさかいが生ずる可能性があります。
　通常はこうした収入減を見越して何らかの対策を練っておくことで最悪の事態を乗り越えることができるのですが、不動産経営に慣れていないと冷静さを欠くのでしょう。最終的に意思決定した人の責任を追及する人が現れることがあります。
　そこで、そういったことが起こらないよう立地条件の悪い土地についてはいっそのこと売却して、その資金で都心の収益物件に買い換えられることをお勧めします。

　確かに、**この方法は先祖代々の土地を手放すことにはなりますが、結果的に経営を維持できなくなるのであれば最初からやらないというのも責任ある立派な態度だと思います。**

第4章　本当に怖いのは"借入金"ではなく"相続税"です！

　自分では上手く活用を図れなかった土地が、購入者の英知によって有効に活用できたとしたら先祖にも申し訳が立つのではないでしょうか。
　ただし、それには条件があります。「売却した資金については決して遊興費として浪費してはいけない」、という条件です。

❹ 一部の土地を売却して広大地評価を受けられる土地に買い換えるケース

　「広大地評価」とは158ページで解説しているように、比較的広い土地の場合には広大地評価として驚くほど低く評価してくれる制度のことを言います。

　問題がある土地だから低評価になるのではなく、広い土地を戸建て分譲用地として区画割しようとすると道路等の潰れ地が生ずるので税務上、大幅に低く評価してくれるのです。

　したがって、所有している土地が有効活用に適していないので売却したいとか、多額の金融資産を所有しているが相続税をウンと安くしたい場合には一度検討してみる価値がありそうです。
　すでにマンション等が建っている土地でもいいですし、更地の土地に賃貸物件を建てるというのでもOKです。いずれも驚くほど相続税が安くなると思います。

驚くほど相続税が安くなる

5 その他

　これら以外に「家主さん、地主さん、もっと勉強して下さい！」という小著でご紹介した下記のようなものもあります。簡単に解説しておきますが、ご関心があるのであれば同著をお読みいただければ幸いです。

等価交換方式で賃貸マンションを建てる

　等価交換方式というのは、土地の一部とデベロッパーが建てたマンションの一部を交換する方法です。

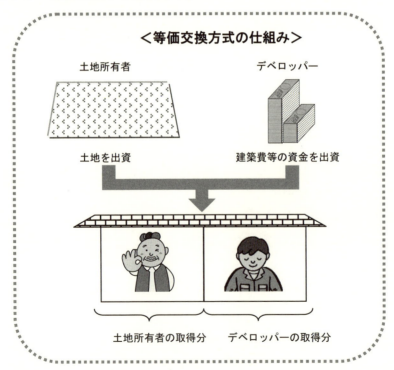

　この方式のメリット、デメリットは次の通りです。

＜等価交換方式のメリット、デメリット＞

メリット	デメリット
①無借金で賃貸マンションを取得できる。	①自分で建てる場合と比較して土地・建物の所有分が少なくなる。
②区分所有マンションなので、生前贈与とか遺産分割が楽。	②支払利息とか減価償却費が少なくなるため不動産所得が多くなる。

定期借地方式で土地を貸し、その預り保証金でアパートを建てる

　定期借地権というのは通勤・通学用の「定期」と同様、一定期間、土地を利用できる権利のことです。地主から言えば一定期間、土地を貸す義務がありますが、所定の期間が終了すると必ず返還されますので安心です。

　ところで定期借地方式で土地を貸すとき、地代以外に保証金等を預かることになりますが、<u>一般定期借地の場合には50年という非常に長期間返還する必要がないので、その間、保証金をアパート等の建築資金として充当することができる</u>というわけです。

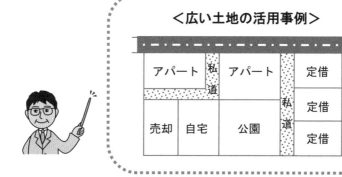

＜広い土地の活用事例＞

第5章

始める前に押さえておきたい土地活用Q&A

一口に土地活用といってもいろいろと検討しなければならないことがある。この際、ジックリと勉強しておこう。

一口に土地活用といっても実に様々な項目について検討しなければなりません。

　例えば何を建てるのか、誰が建てるのか、投資額はどれ位で資金はどうするのか、建設会社はどこがいいのか等々、数え上げたらキリがありません。

　私の事務所は不動産オーナーの経営サポートに特化している関係上、今まで数多くの土地活用のお手伝いをしてきました。

　この章ではそうしたこれまでの経験を踏まえ、それぞれの項目についてQ&A形式で詳しく解説しています。

　土地活用はいったんスタートしたら後戻りできません。したがって、ここに書いてあることをキッチリと理解され、何度もシミュレーションしてから実行するようにして下さい。

ここに書いてあることをキッチリとマスターすれば大きく失敗することはないと思います。よく理解しておいて下さい。

第1節 そもそも「土地活用」とは？

　土地活用というとすぐにアパートとかマンションを建てることを思い浮かべると思いますが、土地活用には「そのまま使う」、「土地を貸す」、「建物を建てる」、「手放す」といった様々な選択肢があります。

活用方法	例	
そのまま使う	事業、農業、林業 etc.	
土地を貸す	月極駐車場、コインパーク、貸地、定期借地 etc.	
建物を建てる	①事業用	自社ビル、自社店舗、自社倉庫 etc.
	②自宅用	本人または家族の自宅 etc.
	③賃貸用	アパート、賃貸マンション、戸建て貸家、貸事務所、貸店舗、貸倉庫、介護系施設、保育園、医療系施設、シェアハウス etc.
手放す	単純売却、買い換え、物納 etc.	

　このように、土地活用といっても実に様々な方法があります。そこでできれば、それぞれについて詳しく解説したいところですが、この本は相続税対策がメインテーマなので、賃貸用の「建物を建てる」場合の注意点等を中心に解説することとします。

　もちろん、農地のように農業を継続することで相続税の負担を極端に抑えることのできる納税猶予制度というものがありますが、これらについてはまた別の機会に譲りたいと思います。

第2節　何を建てるか？

それでは、最初に「何を建てるか？」というテーマからスタートしたいと思います。

これについては立地条件とか土地の面積、土地活用の目的によって当然ながら違ってくるわけですが、ここでは建物の種類を選ぶ場合の基本的な考え方について私の経験を踏まえてまとめておきたいと思います。

なお建物といっても実に様々なものがありますが、ここでは比較的件数の多いアパート、戸建て貸家、マンション、貸ビル、介護施設、医療施設、保育園、シェアハウスに絞って説明させていただきます。

1　アパートか、戸建て貸家か？

最初がアパートと戸建て貸家の比較です。「土地活用といえばアパート」と言われるほど一般化しているわけですが、それはなぜでしょうか？

これについては多分異論はないと思いますが、**アパートは規模が小さく工事費が比較的安価なので取り組みやすい**ということが言えます。また部屋の面積もそれほど広くないため部屋数を多く取れます。

場所によってはかなりの高利回り

その結果、場所によってはかなりの高利回りを期待できることから投資額の早期回収が可能、といった感じではないかと思います。

一方、戸建て貸家はどうでしょうか？　この戸建て貸家については自宅として建てたが何らかの都合で住めなくなり、そのままではモッタイナイので賃貸するというケースと、最初から賃貸するために建設するケースの2つに分かれます。

前者については日本全国で空き家が増え大きな社会問題となっていますが、ここで取り上げるのは後者のケースです。

つまり最初から賃貸する目的で建設する住宅のことですが、これについては供給が需要に追いついていない状況のようです。

その主な理由は戸建て住宅に対する憧れなのではないでしょうか？　戸建ての良いところは、とにかく走り回っても隣とか下の階に住む方にほとんど迷惑をかけないという点です。したがって特に子育て中のファミリーはアパートよりも戸建てを好まれます。

もちろん戸建てのマイホームを購入できればいいのでしょうが、若い世代は資金に余裕がない人が多いので戸建て貸家の需要があるのでしょう。

これは何も住む方だけでなくオーナーにとっても様々なメリットがあります。例えば、子供の数だけ建てることで遺産分割しやすい資産構成にできますし、アパートだと難しい土地であっても戸建てなら建てられるといったことはよくあります。

ところで、この本は大地主の方を主な対象として書いているのですが、そうした広い土地をお持ちの場合にはアパートと戸建て貸家をうまく配置して素晴らしい街並みを作っていただきたいと思います。

同じものよりも様々な形のものを複合的に配置したほうが、単調にならず奥ゆかしい感じになるからです。

うまく配置して
素晴らしい街並みを！

＜アパートと戸建て貸家の比較＞

	メリット	デメリット
アパート	・部屋数を多く取れる。 ・規模が小さく工事費が比較的安価。 ・比較的短期間で投資額を回収できる。 ・相続税対策になる。	・最寄駅から遠いと敬遠される。 ・供給が多いので場所によっては家賃の値崩れを起こしやすい。 ・上下階での遮音性に問題がある。
戸建て貸家	・遺産分割がしやすい。 ・狭い場所でも建設できる。 ・最寄駅から離れていてもファミリー層には需要がある。 ・上下、左右の騒音にそれほど気を付けなくていい。 ・比較的入居期間が長い。	・場所によっては利回りが低いケースもある。 ・部屋が比較的広いので退去時の修繕費が高くなる可能性がある。

　因みに筆者は今現在、元々大家さんが自宅としていた住宅に住んでいます。この家は入口の道路が行き止まりになっているので車が通りませんし、周りが緑に囲まれているので、来訪者にはまるで別荘地のようだと褒めていただけます。

このように抜群の立地条件なので特に家内が気に入り離れようとしなかったのですが、最近大家さんのご家族の方が亡くなり売却したいと言うのです。
　薄々感じてはいましたが、あまり急に言われても困るので取りあえず2年間だけは契約の更新をしてもらうこととしました。まあ、かなり年季の入った建物なので、そろそろ引っ越ししようかと家内と相談しているところです。

アパートか、マンションか？

　次はアパートとマンションの比較です。いずれも相続税対策の定番ですが、不動産業界ではこの2つを特に区別していないようです。
　ただし、一般的には木造で2階建ての物件はアパート、5階建てでエレベータが付いているような物件はマンションと呼ぶことに異論はないと思います。

　ところで土地活用を検討する場合、アパートとマンションのいずれが望ましいのでしょうか？
　私は不動産オーナーの相続対策コンサルティングを始めて既に30年以上経つのですが、私が提案して建てた物件の多くはマンションです。
　その理由を考えてみますと、やはりお客様が所有している土地の広さにあります。特に農地を所有されている方が多いため必然的に所有地が広くなります。
　土地が広いと相続税がウン億円単位でかかってくるので、アパートでは対応しきれないケースが多いのです。

111

ただし、マンションの場合にはどうしても工事費の単価が高くなるので家賃がそれなりに取れる所でないとペイしません。

また大地主といっても細かい土地がたくさんある場合にはマンションを建てるのが難しいので、そうしたケースではアパートのほうに軍配が上がりそうです。

なお、マンションの場合には投資額が多くなるのでほとんどの方は借金することになりますが、高額な借金に対してアレルギーを感じる方がいらっしゃいます。

そのような方の場合には節税効果は小さくなりますが、比較的工事費の安いアパートをお勧めしています。

<アパートとマンションの比較>

	メリット	デメリット
アパート	・規模が小さく工事費も安いので取り組みやすく、撤退するのも簡単。 ・比較的短期間で投資額を回収できる。 ・耐用年数が短いので期間は短くなるが減価償却費を多く計上できる。 ・相続税対策になる。	・マンションと比べて遮音性が劣る。 ・マンションと比較して高級感は劣る。 高級感がな…
マンション	・相続税の節税効果は抜群。 ・耐用年数が長いので長期に亘って減価償却費を計上できる。 ・耐火構造なので丈夫で長持ちする。 ・高級感があり、遮音性も高い。 ・相続税対策になる。	・工事費が高いので、それなりに家賃が取れる所でないとペイしない。 ・解体費がかなりかかるので、一旦スタートすると撤退するのが困難。 ・ある程度、土地が広くないとできない。

③ マンションか、貸ビルか？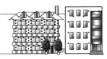

　次はマンションと貸ビルの比較です。所在地が最寄駅から近く容積率もかなり高い土地の場合、マンションにしようか、貸ビルにしようか迷うのではないでしょうか？

　私の場合、こうしたケースでは**周りがほとんど貸ビルとか店舗ビルしかないような場所でない限り、基本的にマンションをお勧めしています。**

　その理由は**貸ビル等のテナントを探す業者が極めて少ないこと、一般的に住宅と比べて坪当たり家賃は高いが景気の波を受けて上下に大きくブレること、また入居率も大きく変動するから**です。

　ただし、マンションでも下駄履きマンションはあまりお勧めできません。「下駄履きマンション」とは、建物の１階、２階に店舗や事務所等を設置し、それより上層階部分を住戸にしたマンションのことです。

　店舗や事務所部分が下駄の歯のように柱や壁だけで造られていることから、そのように呼ばれているようです。

　ところで、**なぜ下駄履きマンションがダメかというと、やはりテナントを見つけるのが難しいから**、というのが一番の理由です。

　テナントが入っているときは家賃もそれなりに高く設定できていいのですが、そのテナントが退去した時に次の入居者を見つけるのに苦労するケースが多いのです。特に郊外でその傾向が強いようです。

もちろん下駄履きマンションが全てダメというわけではありません。駅前で人通りが多い一階部分はすぐにテナントが見つかります。

＜マンションと貸ビルの比較＞

	メリット	デメリット
マンション	・立地条件がよければ入居者を見つけることはそれほど難しくない。 ・固定資産税に関して住宅用地の特例を受けられたり、新築住宅の特例を受けられる。 ・融資については民間の金融機関が積極的だし、住宅金融支援機構等の公的融資制度も整っている。 ・相続税の節税効果が大きい。	・貸ビルほどには家賃が取れない。
貸ビル	・一般的に住宅に比べて坪当たり家賃が高い。 ・比較的規模の大きいビルの場合、入居者退去に伴う修繕費の負担がない。つまり慣例として入居者が原状回復することになっている。 退去の時に入居者がキレイにする ・相続税の節税効果が大きい。	・景気の波を受けて家賃が大きく変動したり、入居率もかなり上下する。 ・最寄駅から5分以内でないと厳しい。 ・テナントを探してくれる業者が少ないので入居者探しに苦労する。 ・住宅のような固定資産税の軽減措置がないので税金の負担が大きい。 ・何らかの理由で売却しようとしても購入者を見つけるのが難しい。

第 5 章　始める前に押さえておきたい土地活用Q&A

4　介護施設、医療施設はどうか？

　ご承知のように、これからますます高齢者(65歳以上)の人口が増えていきます。高齢者が増えると、それに比例して介護施設や医療施設が足りなくなりますが、だからといってペイするかどうかも分からないのに闇雲に供給すべきでないことは当然です。
　そこで、こうした施設を建てて賃貸した場合、どれほどの収支が見込めるのか、具体例を基に検討したいと思います。なお介護施設とか医療施設といっても実に様々なものがありますが、ここではいま急速に増えている**サービス付き高齢者向け住宅（サ高住）**を取り上げることとします。

増え続けるサ高住

　従来からある厚生労働省管轄の有料老人ホームは"住宅"ではなく"施設"なので居室面積が狭い、入居時のコストが高いという欠点がありました。
　そこでサ高住の場合には最低居室面積を 25 ㎡以上としました（居間、食堂等の面積が一定以上あれば 18 ㎡以上）。その代わりに 1 戸当たり 100 万円を限度として建築費の補助を受けられるようになっています。

115

サ高住というのは文字どおりサービス付き高齢者向け住宅のことですが、この場合のサービスには様々なものがあります。法律上は最低限のサービスとして安否確認と生活相談を義務付けていますが、そもそもはワンルームマンションレベルの比較的広い居住スペースがあり、かつ高齢者向けの様々なサービスも受けられる住宅が欧米に比較して著しく劣っているという認識のもとにスタートした制度です。

収支計算の前提条件

　このような状況の下、サ高住を建てて賃貸した場合、果たしてペイするのかどうか、具体例を挙げて検討してみたいと思います。

　次ページの**図表5**をご覧下さい。収支計算の前提条件が示されています。まず工事費ですが、この事例では諸経費込みで3億5,000万円としました。これから建築費の補助金2,600万円を控除すると実質負担は3億2,400万円となります。

　サ高住を経営する業者側からすると、もう少し規模が大きいほうが効率アップになるのでしょうが、ここでは取りあえず部屋数を32戸（1人用30戸、2人用2戸）としました。

　また賃料に関しては当然ながら所在場所によって大幅に異なりますが、ここでは1人用で月額8万円、2人用で月額15万円としました。これ以外に事務所スペースがあり、この家賃は月額16万円です。

　そしてサブリースの借上げ料率を85％とすると、年間賃料は29,172,000円となります。

2人で15万円

図表5 ＜収支計算の前提条件＞

工事費(諸経費込み)：3億2,400万円（補助金2,600万円控除済み）

借入金：30年返済（金利1.0％、変動、元利均等）

賃料（月額）

　　1人用（18.5㎡）　…　30戸　×　80,000円　＝　2,400,000円

　　2人用（37.0㎡）　…　 2戸　× 150,000円　＝　　300,000円

　　事務所（40.0㎡）　…　 1戸　× 160,000円　＝　　160,000円

　　　　　　　　　　　　　　　　　　　合計　　2,860,000円

サブリース料：

　　月額　2,860,000円　×　85％　＝　2,431,000円

　　年額　2,431,000円　×　12ヵ月　＝　29,172,000円

※サ高住の場合には食堂、厨房、ラウンジ、共同トイレ、浴槽などの共用スペースがありますが、そうしたスペースは賃料の計算から除かれています（業者によっては賃料を貰えるケースもありますが、そうすると各戸の賃料が抑えられます）。

実績のある業者に依頼することが成功のポイント

　以上を前提に計算すると、収支は次ページの**図表6**のようになります。利回りを見ると、表面で9.0％、実質でも7.4％になっています。建築費が高騰していることを考慮すると悪くない数値だと思います。

　また借入金返済後の純利回りは3.5％です。こうした利回りでは良いのか悪いのかピンと来ないかも知れませんが、資金収支の絶対額では1,147万円にもなります。

サ高住の場合には所定の建物を建てた後は劣化しないように修繕することだけがオーナーの負担ですから、借入金返済額以外は土地、建物の固定資産税と修繕費だけで済みます。

　したがって一般的にはそれなりに収益性が高いと考えられますが、前述のように供給が急増しておりますので立地条件が悪いと厳しい状況に追い込まれる可能性があります。

図表6

＜1年目の収支＞

賃料収入		2,917万円
支出	固定資産税	320万円
	建物修繕費	200万円
	合　計	520万円
借入金返済前収支		2,397万円
△借入金返済額(元利合計)		△1,250万円
資金収支		1,147万円

※表面利回り ＝ 賃料収入 ÷ 投資額（工事費等）
　　　　　　＝ 2,917万円 ÷ 3億2,400万円 ＝ 9.0%

※実質利回り ＝ 借入金返済前収支 ÷ 投資額（工事費等）
　　　　　　＝ 2,397万円 ÷ 3億2,400万円 ＝ 7.4%

※純利回り ＝ 資金収支 ÷ 投資額（工事費等）
　　　　　＝ 1,147万円 ÷ 3億2,400万円 ＝ 3.5%

⑤ 保育園はどうか？

次は保育園です。以前から待機児童問題でマスコミを賑わしていますが、保育園を充実させることは喫緊の課題です。

「一億総活躍社会」を目指すのであれば何を差し置いても最優先で取り組まなければなりません。

私も以前から気になっていたことなので適当な土地があれば是非地主さんに提案したいと考えていたところ、昨年末に相談に来られた地主さんの土地が打って付けだったことから相続税対策の一環として早速、提案しました。

来年4月の開園に向けて現在建築中ですが、経験のない方はどのような仕組みになっているのか分からないと思いますので、ポイントを絞ってご紹介したいと思います。

あまりかからない保育園の建築費

次ページの〈アパマンと保育園の経営上の主な違い〉をご覧下さい。このうち一番重要なのはアパマンと比較して建築費が安く済むという点です。

建築費が安い

<アパマンと保育園の経営上の主な違い>

項　目	アパマン	保育園
①建築費の負担	建物本体のみならず附属設備も地主の負担で設置する。また入居者毎に部屋を設ける必要がある。	建物本体は地主負担だが、附属設備は運営業者が補助金等で設置する。なおアパマンのような各人毎の部屋は不要。
②家賃の支払者	通常は入居者が支払うがサブリースの場合にはサブリース会社から支払われる。なお消費税は非課税。	運営業者が支払う。なお消費税は課税。したがって建物にかかる消費税の還付を受けられることもある。
③固定資産税	土地、建物とも住宅用地等の特例を受けられる。	土地、建物とも住宅用地等の特例は受けられない。

収支計算の前提条件

　それでは次ページの**図表7**をご覧下さい。収支計算の前提条件が示されています。まず工事費ですが、保育園の場合には上述したように地主としての負担は建物本体工事だけなので工事費が高騰しているこの時期でもそれほど高額にはなりません。

　なお借入金の金利種別を変動にしていますが、これは相続後に建物を同族法人に売却する可能性があるからです。固定金利なら多額の違約金がかかってしまいます。

それから賃料ですが、この事例では坪当たり1万円（税込み）としました。アパートなどと比較しても決して見劣りはしていないと思います。また賃料固定のサブリース契約なので20年間変わらず当初の賃料が入ってきます。契約上は途中解約条項が入りますが、解約があったとしても違約金によりオーナーには実損が及ばない取り決めになっています。

図表7

＜収支計算の前提条件＞

敷地面積 ： 380 ㎡

延床面積 ： 400 ㎡

工事費（諸経費込み）： 1億2,000万円

借入金 ： 30年返済（金利1.0％、変動、元利均等）

坪当たり賃料 ： 1万円（年間1,452万円）

　　　　　　・・・20年間のサブリース（賃料は固定）

場所によっては高収入を期待できる保育園

以上を前提に計算した結果が次ページの**図表8**です。以下、簡単に解説しておきます。まず賃料収入ですが、前提条件にあるとおり20年間一定です。経営が傾くと解約ということもありますが、この物件の所在場所は最寄り駅から非常に近いので、その可能性は極めて低いものと考えています。

次に固定資産税ですが、保育園はアパートなどと違って事業用物件ですから土地・建物とも住宅用地等の特例はありません。したがって、それなりに高くはなりますが、建物修繕費以外の各種経費は運営事業者の負担ですから全体としての経費負担は軽いと言えます。

その結果、借入金返済後の資金収支は 680 万円にもなります。これだけ収益性が高く、また社会的にも必要とされている土地活用は他にありません。もし適当な土地があるなら是非ご検討下さい。

図表8

＜1年目の収支＞

賃料収入		1,452 万円
支出	固定資産税	257 万円
	建物修繕費	52 万円
	合　計	309 万円
借入金返済前収支		1,143 万円
△借入金返済額(元利合計)		△463 万円
資金収支		680 万円

※表面利回り ＝ 賃料収入 ÷ 投資額（工事費等）
　　　　　　＝ 1,452 万円 ÷ 1 億 2,000 万円 ＝ 12.1％

※実質利回り ＝ 借入金返済前収支 ÷ 投資額（工事費等）
　　　　　　＝ 1,143 万円 ÷ 1 億 2,000 万円 ＝ 9.5％

※純利回り ＝ 資金収支 ÷ 投資額（工事費等）
　　　　　 ＝ 　680 万円 ÷ 1 億 2,000 万円 ＝ 5.6％

❻ その他の建物は？

　以上、「何を建てるか？」というテーマで代表的な土地活用の方法を検討してきたわけですが、もちろんこれら以外にも様々なものがあります。コンビニ、飲食店、居酒屋などの各種チェーン店舗、医療モール、貸倉庫等々です。

　また最近流行のシェアハウスといったものもあります。シェアハウスは建物の構造的には115ページで説明した介護施設と似ています。
　各人毎の部屋を作ると同時に共用スペースとしての食堂、台所、ラウンジ、共同トイレ、浴槽などを備えることになるからです(浴槽ではなくシャワールームというものも増えてきました)。
　また、どのような人と建物をシェアするかによっては実に様々なものがあります。例えば女性専用であるとか女性でも比較的若い人に限定したもの、あるいは看護師に限定したものもあります。
　また海外の人との交流を目的に日本人と外国人を半々にしているものもあります。要するに入居者を限定するという戦略です。

　このように土地活用といってもいろいろな方法があるわけで、土地の所在場所、広さ、その他の財産の状況、時期、目的等、様々な要素を考慮して最終的に決定することになるわけです。
　そのためには**提案する人が多くの情報を持っている必要があります**し、**不動産オーナー自身も常日頃から積極的に情報収集する必要があります**。

日頃から情報を！

第3節 建物のグレードは？

　このように土地活用には実にいろいろな方法がありますが、自宅と自社ビル以外は建てて人に貸すことが目的です。建ててお終いではありません。建てた後はそれなりの家賃で滞りなく支払ってくれないと困るのです。このようなことから建てる前にシッカリと市場調査をする必要があります。

　この場合に注意すべきは**「それなりの家賃」**で貸すことができるかどうかということです。たとえ需要があったとしても家賃が安くてはペイできません。つまりペイできない土地活用というのは基本的にダメなのです。

家賃が安くてはダメ

　ここで私は**「基本的には」**という表現をしました。これには次のような意味が込められています。つまり人によってはそれほどペイしなくてもいいこともあるということです。何が言いたいのかというと、土地活用における判断基準には様々なものがあるということです。

＜土地活用における様々な判断基準＞

①収益性	利回りが高いのか低いのか
②節税効果	相続税対策としての効果が大きいのか小さいのか
③持続性	建物がどれほどもつのか
④満足感	人に自慢できるような建物かどうか

この用紙をFAXか郵送でお送り下さい。

→ FAX 03-3818-0993

※HPからでも申し込みできます。　公認会計士 熊谷会計事務所　TEL 03-5840-8063

「財産クリニック」申込書

当事務所では、独自に開発した「タックスプランナー」という専用ソフトを用いて、所有財産の詳細から診断、処方箋の作成、対策の実行までの一連の業務をパッケージにした「財産クリニック」というサービスを行なっています。

このサービスでは将来30年先までの物件別収支、各人別収支、所得税等の時系列比較など、全部で50種類以上の帳票に基づいてお客様に最善の対策をご提案いたします（内容の詳細は当社HP参照）。なお、相当の時間とエネルギーを要しますので、まことに勝手ながら以下のお客様に限らせていただきます。

当サービスが想定しているお客様

○所在地‥‥現地調査しますのでメインの不動産が一都三県（東京都、神奈川県、埼玉県、千葉県）内
○資産規模‥‥相続税対策がメインとなりますので純資産（相続税評価額）が2億円以上の方

余分な税金は払いたくない、最適な資産構成を知りたい、将来の資金繰りが心配、子供たちに財産をどう分けたらいいのか迷っている‥‥といった方は是非、お申し込み下さい。提案書の作成料は一律15万円（税別）です。

公認会計士・税理士　熊谷 智之

●お申込者

お名前	フリガナ 氏名		ご職業 ご年齢　　歳
ご住所 (都道府県名も書いて下さい)	〒□□□-□□□□		
	TEL　　－　　－		FAX　　－　　－
メールアドレス			

●所有財産、年間家賃収入、所得、ご家族の年齢、ご要望等

会計事務所の関与状況	顧問契約済み・確定申告のみ
法人の有無	

社（ 1社、 2社、 3社以上 ）・ 関与なし ・ 無

該当する項目を
○で囲んで下さい。

以下、若干解説しておきます。まず①の**収益性**ですが、利回りを高くするためには投資額を減らさなければなりません。この場合、建設会社によっては同じ仕様であったとしても工事費にはそれなりの違いがありますが、それでも自ずと限界があります。

したがって、利回りを高くしようとすると安物の材料を使うことになりますので、どうしても見た目が悪くなりますし耐用年数も短くなってしまいます。

次に②の**節税効果**ですが、工事費を安く抑えようとするとそれだけ相続税の節税効果は低くなります。もちろん同じ仕様であれば工事費は安いに越したことはないのですが、安くするほど節税効果が薄まるというのは事実です。要するに土地活用でどれほどの節税効果を期待するかということで自ずと仕様が決まってくるのです。

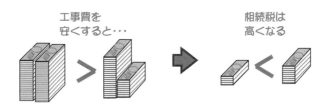

また③**持続性**については①と②で説明したように建物の仕様を落とすほど一般的にはモチが悪くなります。つまり耐用年数が短くなるということです。

そして最後の④**満足感**ですが、土地活用には不動産オーナーとしての満足感がどれほど満たされるかという観点からも検討する必要があります。

既に十分な収入が得られているとか、かなりの資産家の場合にはこうした点も十分に考慮すべきです。また土地の所在場所によってはかなり高級な建物でなければ逆に入居者にソッポを向かれることがあります。

　このように建物の仕様を決める場合、地主さんの置かれた状況をキッチリと判断する必要があるのですが、様々な本を読んでいると、こうしたことに深く思いを致さず、ただ収益性ばかりに重きを置いている方が意外と多いのです。

　そういった方は資金繰りに窮しているお客様ばかりを相手にしているのでしょうか？　もちろん立地条件が悪いとか他に収入の当てがない場合には致し方ないのですが、そうでないならできるだけ満足感の得られる建物を企画していただきたいと思います。

　建物というのは一度建てたら余程のことがない限り長いお付き合いをすることになるので、そうしたことをジックリと想像しながらプランを練ってほしいと願っています。

一度建てたら
長いおつきあい

第4節 誰が建てるか？

ワシの土地には
ワシが建てる

　次は誰が建てるかというテーマに移ります。「そんなの当たり前、土地を所有している者に決まっているではないか！」とお叱りを受けそうですが、この誰が建てるかは税金対策上、極めて大切です。

　私は以前、あるハウスメーカー主催のセミナーにおいて**「名義の研究」**というテーマで3時間ぶっ続けで話したことがあります。それほど大切なテーマなのですが、これについてそれほど検討することなく安易にアパートとかマンションを建てているケースがあまりにも多いのには愕然とします。

　少し考えれば分かることですが、**アパート等の家賃収入は建物の名義人に帰属します。**土地を所有している父親が建てれば父親の収入になりますし、子供が建てれば子供の収入になります。また法人を設立してその法人が建てれば法人の収入になります。

建物の名義人に

　そして個人であれば不動産所得にそれ以外の所得を合算した額に対して所得税が課税されますし、法人であれば不動産所得に法人のその他の所得を合算した額に対して法人税が課税されます。

このように誰が建てるかによって収入の帰属者が変わりますし、その結果、税金の額も変わってくるのです。

＜誰が建てるかによって異なる家賃収入の帰属と税金の種類＞

区　分		父	子供	法人
所有者	土地	○	—	—
	建物	○	○	○
家賃収入の帰属		○	○	○
税金の種類		所得税	所得税	法人税

（注）子供とか法人が建てる場合には土地を父親から借りることになります。

　以上は毎年の所得に係る税金の話ですが、誰が建てるかによって相続税も大幅に違ってきます。次ページの**「誰が建てるかによって大きく異なる相続財産の種類と評価額」**をご覧下さい。

　これは更地評価額1億5,000万円の土地(借地権割合60％)に建築費1億円(全額借金)でアパートを建てた場合のそれぞれのケースでの相続財産の種類と評価額を一覧にしたものです。

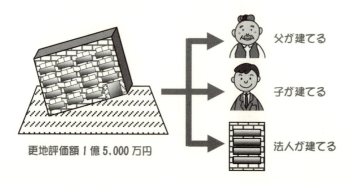

＜誰が建てるかによって大きく異なる相続財産の種類と評価額＞

項目		建築前	父	子供	法人
金融資産 （手取り収入累計）		0	0	0	0
土地	更地評価額	1億5,000万円	1億5,000万円	1億5,000万円	1億5,000万円
	貸家建付地としての評価減（注1）	―	△2,700万円	―	―
	貸地としての評価減（注2）	―	―	―	△3,000万円
	差引	1億5,000万円	1億2,300万円	1億5,000万円	1億2,000万円
建物	固定資産税評価額（注3）	―	5,000万円	―	―
	借家権の発生による評価減（注4）	―	△1,500万円	―	―
	差引	―	3,500万円	―	―
借入金		―	△1億円	―	―
差引：純財産		1億5,000万円	5,800万円	1億5,000万円	1億2,000万円

（注1）借地権60％×借家権30％が減額されます。
（注2）借地権20％が減額されます（ただし一定の条件あり）。
（注3）建築費の50％としました。
（注4）借家権30％が減額されます。

　これを見ますと父が建てた場合には「差引：純財産」の額が5,800万円と一番低くなっています。次に法人が建てた場合には1億2,000万円と若干ではありますが、建築前と比較して減額されています。そして、お子さんが建てた場合にはなんと建築前と全く変わらず1億5,000万円のままです。

5,800万円に！

全く変わらず

若干減額

このように誰が建てるかによって相続税対策としての効果には雲泥の差が生じるということをキッチリと押えておいて下さい。

雲泥の差が！

それでは相続税対策を目的にアパマンを建てるのであれば土地を所有している父親が建てるしかないではないか、つまり選択の余地はないではないかと考えるのが普通でしょうが、実は必ずしもそうではありません。

再度、「**誰が建てるかによって大きく異なる相続財産の種類と評価額**」をご覧下さい。一番上の「金融資産（手取り収入累計）」という行です。

全てのケースでゼロ（0）となっています。これは現時点では収入がゼロ（0）なのでそのように表示されているのですが、もし10年後だとゼロにはなりません。

アパマン経営をやると通常はそれなりの収入が期待できるわけですから、当然ながら、その収入を考慮して比較する必要があります。

ここでは簡略化して誰が建てても10年間の手取り収入が5,000万円だと仮定しますと、父親が建てた場合には、この5,000万円は父親の財産となります。

ところが、お子さんとか法人が建てた場合にはそれぞれの帰属財産となり父親の財産とはなりません。

また借金というのは返済するにつれ残高が減っていきますのでそれだけ純財産の額は増えていきますが、借金というのは子供とか法人が建てるケースでは父親の財産とは無関係です。

このように**誰が建てたらいいかを検討する場合、毎年の所得に係る税金だけでなく相続税も大きく関わってくる**のです。

また、誰が建てるかによって収入の帰属者が違ってくるので、税金だけで判断することもできません。更に法人経営になると社会保険に加入する義務があるので、それとの絡みも検討しなければなりません。

　以上を踏まえてまとめますと、**誰が建てたら有利かは次のような様々な観点を総合的に勘案して決定していく必要がある**ということです。

総合的に考えて決定を！

＜誰が建てたら有利かを検討する場合に必要となる項目＞

①建築後の余命年数	余命年数が長いほど相続人とか法人が有利。
②合算所得の多寡	当該不動産所得と他の所得、例えば給与所得等との合算所得の多寡によって適用税率は異なる。税率が高い人ほど不利。
③相続財産の多寡	財産の多い人ほど相続税の適用税率が高い。このことは逆に言えば、そうした人が建物を建てれば相続税の節税効果がより大きくなる。
④社会保険料の多寡	法人経営の場合には役員とか従業員に給与を支払うと社会保険に加入する義務があるが、当然ながら支給額によって保険料の額は異なる。したがって法人経営の場合には税金だけでなく社会保険料についても考慮する必要がある。 なお、社会保険に加入すると国民健康保険とか国民年金から脱退できるので法人経営が必ずしも不利とは限らない。例えば給与の支給額を思い切って少額にすれば保険料の負担をかなり抑えられる。
⑤その他	家賃収入は建物の名義人に帰属するので、単に税金とか社会保険料の多寡だけでなく各人の必要資金とか遺産分割といった観点からも総合的に判断する必要がある。

以上は単年度の数値だけでなく、将来の推移も含めた長期的観点からも比較検討する必要があります。不動産所得以外の給与所得等は時々によって変わりますし、借金の返済状況によってキャッシュフローとか相続税の額が大きく変動するからです。
　いかがですか？　余りにも複雑しすぎて気が遠くなってきたのではないでしょうか？
　このように建物を誰が建てるべきかを検討するだけで、これだけの変動要因を全て考慮する必要があるのです。したがって、これを手計算で行なうことは絶対に不可能です。

　こうした状況下、上記のような様々な変動要因を全て計算に織り込み、より現実に近い形で、できるだけ間違いのないアドバイスをしたいと思い完成させたのが、『財産クリニック』というサービスで使用している『ＴＡＸプランナー』というソフトです。

　このソフトは開発するのに実に７年もの歳月を要しましたが、今ではかなりの程度まで詳細にシミュレーションできるようになりました。これからも日々努力を重ね、今以上に様々な状況に対応できるようバージョンアップを繰り返していきたいと考えております。

第5節 建設会社はどうやって見つけるのか？

　次は建設会社をどうやって見つけるのか、について解説しておきたいと思います。

　アパートとか賃貸マンションを建設するとなると投資規模は最低でも数千万円、場合によっては10億円を超えるケースもあります。したがって建築途中で倒産されても困りますし、完成後でもメンテナンスの関係からやはり倒産という事態は避けたいものです。

　また倒産という事態にまで至らなくても、当初の見積りと異なる追加の費用を平気で出してくるとか、納期を守らない、あるいは出来上がった建物が当初の建築プランとはまるで別物といったことがあっても困ります。

発注した建設会社
納期を守らない
倒産？
追加の費用
プランと異なる建物

　もちろん施主の都合で仕様が大幅に変わったとか、突発的な自然災害のため予定した納期が守れなくなったということはあるでしょうが、そうでないなら当初約束したとおりの建物にキッチリと仕上げてもらわなければなりません。

このようにアパマン経営の場合にはスタートラインとして計画したとおりの建物を計画した時期に間違いなく完成してもらわなければなりませんが、数ある建設会社の中からどのようにしてこうした信頼の置ける会社を選ぶことができるのでしょうか？

　これについては同業者である不動産オーナーであるとか資産税に詳しい税理士等をご存じなのであれば、そうした方から紹介を受けるというのも一つの方法です。

ホームページを
きちんと作って
いない会社はダメ

　また最近はネットでも会社の詳細な情報を入手できますので、気に入った何社かに問い合わせてみるのもいいかも知れません。逆に言えば<u>会社情報をホームページに詳しく紹介していないようなところには絶対依頼すべきではありません。</u>これは何も建設会社だけでなく全ての分野に当てはまるのではないかと思いますが・・・。

　いずれにしても最終的に決め手になるのは抽象的にはなりますが、**不動産オーナーのアパマン経営が成功するよう親身になって努力してくれるような人がいる会社**ということになるのではないかと考えております。

第6節 建築資金はどうする？

　次は建築資金をどうするかということです。アパートとかマンションを建てるとすると少なくとも数千万円から数億円はかかります。
　したがって、この資金の手当てをする必要がありますが、他の人はどうしているのか気になるのではないでしょうか？
　そこで以下、私がこれまでに経験したことを踏まえ、どのような考えでお客様にアドバイスしているのか、比較的詳しくまとめておきましたので参考にして下さい。

1 自己資金か、借入か？

　まず最初が自己資金で建てるのか金融機関から資金を借り入れて建てるのかということです。
　このうち自己資金で建てるケースには既に金融資産を持っているケースと不要な土地を売却して、その資金で建てるケースの2つがあります。

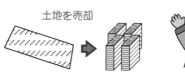

　いずれの場合も借金しないので不安がありませんし、借入金の返済がないので当然ながら資金収支は良くなります。

ただし金融資産とか不動産がそれだけ減少する、支払利息がないため不動産所得が多くなり結果として所得税が増えるといったデメリットがあります。

一方、金融機関から借金するケースでは金利がアップした時に資金繰りが悪化するリスクが考えられますが、最近のように超低金利の時代には収支にそれほど大きな悪影響を及ぼすことはありません。

借り換えると多額の違約金が！

不安なら固定金利を選択すれば済むことです。ただし固定金利の場合には借り換えると多額の違約金が発生しますので、実際に借り換えるケースがあり得るのか、146ページ以降を参照して事前によく検討しておいて下さい。

<自己資金と借入金のメリット、デメリット比較表>

区分		メリット	デメリット
自己資金	既所有の金融資産	・借金の嫌いな人にとっては安心である。 ・借入金の返済がないので資金収支が良くなる。	・支払った額だけ金融資産が減るので短期的には財務の安定性が悪くなる。 ・支払利息がないので不動産所得が多くなる。
	不動産の売却資金	同上	・売却しただけ不動産が減少する。 ・支払利息がないので不動産所得が多くなる。
借入金		・高い利回りを期待できる物件の場合はテコの原理により、かなりの収入になる。 ・最近は異常な低金利なので利回りがそれほど良くなくても収支がプラスになることが多い。	・家賃があまり取れない地域では、それほどキャッシュフローを生まない。 ・金利が上がった時に資金繰りに余裕がなくなる（固定金利ならそうしたことはない）。

このように、いずれもメリット、デメリットがあるのですが、それではいずれを選択すればいいのでしょうか？　これについては次の「自己資金と借入金のいずれを選択すればいいのか」をご覧下さい。

それぞれのケースでいずれがいいのか私なりのコメントを書いておきましたので参考にして下さい。

＜自己資金と借入金のいずれを選択すればいいのか＞

①高利回りを期待できる物件	・全額借金でも特に問題なし
②利回りはそれほど良くない物件	・一部自己資金を投入する ・他に多額の不動産収入とか給与収入があるのであれば全額借金でもOK
③借金するのは絶対イヤ	・選択の余地なし
④相続税はとにかく減らしたい	・自己資金だけでは限界があるので借金もやむなし。ただし実行に当たっては事前に何度もシミュレーションする必要あり。

ところで「相続税の節税のためには借入金でないと効果がない」という話をよく聞きますが、これは間違いです。次ページの比較図をご覧下さい。

「借入金でないと相続税の節税効果はない」というのは間違い

これは建築費が1億円のアパートを建てた場合の建物の評価額と建築資金を相互に比較したものです。左側に建物の相続評価額が、右側に建築資金が表示されています。

まず左側の建物の評価額ですが、これは欄外にあるように建物の固定資産税評価額を建築費の半分である 5,000 万円とし、それから賃貸物件なので更に借家権（30％）を差し引いて計算します。

つまり評価減額 6,500 万円は建物の相続評価の仕組みから自ずと生ずるものであり、建築資金が自己資金であろうと借入金であろうと関係ないのです。

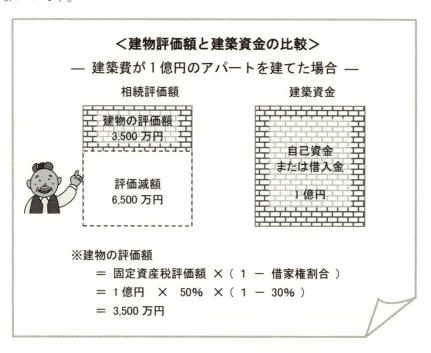

まだ納得していない方のために次ページの比較図を作成しました。これは 1 億円を持っている方が、その 1 億円を使ってアパートを建てた場合と、1 億円を借金してアパートを建てた場合の対策後の純資産の額を比較したものです。

いずれも純資産の額は 3,500 万円で同額です。**純資産の額が同額ということは相続税も同額だということです。**

したがって「相続税の節税のためには借入金でないと効果がない」というのは間違いだということです。

ただし、これは建てた瞬間のことです。自己資金で建てた場合には支払利息がありませんので不動産所得、所得税とも借入金で建てた場合より多くなります。また借入金の返済がありませんので使わなければ手取り収入がドンドンと貯まっていきます。

一方、借入金で建てた場合には自己資金で建てた場合ほどには手取り収入は貯まりませんが、借入金の返済と共に債務控除の額が減り、結果として純資産の額が増えていくというわけです。

このように自己資金で建てるか借入金で建てるかで、毎年の所得税、手取り収入、将来の相続税の額が大きく変動しますので、事前に何度もシミュレーションした上で取りかかるようにして下さい。

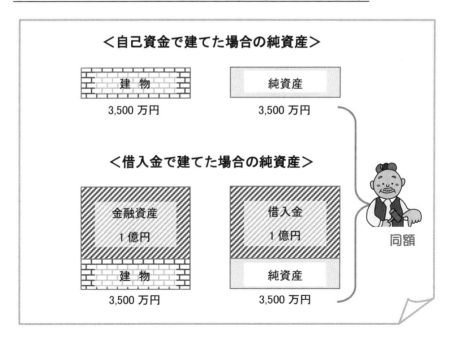

② 民間の金融機関か、公的金融機関か？

それでは次に建築資金を借入金で賄うとして、民間の金融機関と公的金融機関のいずれがいいのでしょうか？

なお、民間にも様々な金融機関がありますが、最近はどの金融機関も融資に積極的です。したがって特定の金融機関にこだわる必要はないでしょう。融資条件を比較して検討すればいいと思います。

また、公的金融機関もいくつかありますが、ここでは住宅金融支援機構(旧：住宅金融公庫)を取り上げます。

それでは142ページの「**住宅金融支援機構と民間金融機関の融資制度の比較**」をご覧下さい。それぞれの主な違いが表示されています。

最初が**金利の種別**です。公的金融機関の場合には固定金利しかありません。一方、民間の金融機関はご承知のように固定か変動かを選択できます。なお、固定にするか変動にするかについては143ページ以降で詳しく解説しておりますので、そちらをご覧下さい。

次が借入金の**返済期間**です。これについても149ページ以降で私の考えをまとめておりますのでご参照下さい。

さて、次が借入金の**返済方式**です。いずれも元利均等と元金均等の2つの方式から選択できます。この返済方式については151ページ以降の解説をご覧下さい。

更に、次の**保証料**については住宅金融支援機構と民間金融機関で取り扱いが大きく異なります。

まず前者の住宅金融支援機構ですが、保証人を付ける代わりに保証機関を利用する場合には**「融資額に対する保証料率（返戻なし方式の場合）」**に記載の保証料を支払う必要があります。
　この保証料は返済期間（保証期間）によって料率が異なり、期間が長くなるにつれ高い料率が適用されます。当たり前ですね。
　この保証料ですが、繰上返済した時に保証料の一部を返してくれる方式と返してくれない方式で料率が異なります。
　ここに記載している保証料率は「返戻なし」、ということで返してくれないケースですから、「返済あり」のケースより料率は低くなっています。

　なお、「返戻あり」の保証料率については住宅金融支援機構のホームページをご覧下さい。

　以上が住宅金融支援機構の場合の保証料の説明ですが、民間金融機関の場合は金利に含まれています。
　したがって、それぞれの**金利**を比較する場合には保証料を計算に織り込む必要があります。そうしないと公平な判断ができませんのでご注意下さい。

金利を比較するときは
保証料も忘れずに！

＜住宅金融支援機構と民間金融機関の融資制度の比較＞

項 目	住宅金融支援機構	民間金融機関
金利の種別	固定金利のみ	固定と変動
返済期間	最長35年	最長35年 ※金融機関により異なる
返済方式	元利均等と元金均等	元利均等と元金均等
保証料	保証機関を利用するとき必要 ※下記参照	金利に含まれる
金利	イ．繰上返済制限制度を利用する場合 　35年固定→1.37% 　15年固定→0.79% ロ．繰上返済制限制度を利用しない場合 　35年固定→1.53% 　15年固定→1.06% ※いずれも平成28年9月の金利 ※繰上返済制限制度とは10年以内に繰上返済すると違約金がかかるというもの	※金融機関により異なる

融資額に対する保証料率（返戻なし方式の場合）

建設地	20年以下	20年超 25年以下	25年超 30年以下	30年超
東京、神奈川、埼玉、千葉	1.70%	2.00%	2.28%	2.50%
上記以外	2.10%	2.50%	2.90%	3.20%

③ 固定金利か、変動金利か？

　私は 30 年以上もお客様の土地活用のコンサルティングをしてきたのですが、金利の種別をいずれにするかは非常に重要なテーマでした。

　制度融資を使ったマンション建設が多かったため借入当初はほとんどが固定金利だったのですが、その後の金利下落局面において、借り換えをするにしても固定と変動のいずれにすべきか、難しい選択を迫られていました。

　ところで将来の金利がどうなるかを予測することは不可能なのですが、金利が上昇していった場合、総返済額がどのように推移するかは簡単に計算できます。

　次の表をご覧下さい。これは 12 年前に「**家主さん、地主さん、もっと勉強して下さい！**」という小著で紹介したときのシミュレーション事例です。

＜借入金　1,000 万円の場合の返済額比較(12 年前に計算したもの)＞

	金　利		月　額　返　済　額		
	固定金利	変動金利	固定金利	変動金利	差　　額
1～ 5年	3.500 %	1.500 %	44,859 円	34,512 円	10,347 円
6～10年	3.500 %	3.000 %	44,859 円	40,921 円	3,938 円
11～15年	3.500 %	4.000 %	44,859 円	44,697 円	162 円
16～20年	3.500 %	5.000 %	44,859 円	47,773 円	△ 2,914 円
21～25年	3.500 %	6.000 %	44,859 円	50,023 円	△ 5,164 円
26～30年	3.500 %	7.000 %	44,859 円	51,230 円	△ 6,371 円
合　　計			16,149 千円	16,149 千円	0 千円

　固定金利は 3.5％、変動金利はスタート時点で 1.5％、5 年経過後で 3.0％、それ以降は 5 年毎に 1％ずつアップしていくものとして計算しています。

いずれも総返済額は同額になっています。これは当然です。同額になるように変動金利を上げていったわけですから・・・。

　「変動金利だと将来、金利がアップした時に大変なことになる」と一般に言われているわけですが、この計算例では最終的に7%まで金利がアップしても逆転していません。

　因みに、この場合の変動金利の単純平均は下記のようにほぼ 4.42%ですから、固定金利の 3.5%よりも 0.92%高いのです。

> **＜変動金利の単純平均＞**
>
> (1.5% ＋ 3.0% ＋ 4.0% ＋ 5.0% ＋ 6.0% ＋ 7.0%)
> ÷ 6 ≒ 4.42%

　どうしてこんなことになったのでしょうか？　その理由は変動金利のほうは借入金残高の多い時点で低い金利が適用され、金利が高くなる将来時点では既に借入金残高が少なくなっているからです。

　つまり将来金利がアップした時には既に借入金残高が少なくなっているので、それに高い金利を掛けても全体に及ぼす影響はそれほど大きくない、というわけです。

　金利というのはそれほど急激に上昇するわけではありません。過去30年ほどの長期プライムレートを見ても明らかです。

　それでは史上最低金利と言われる現在においても変動金利を採用したほうが有利なのでしょうか？

これについても具体的に計算してみましょう。次の表をご覧下さい。固定金利のほうは住宅金融支援機構で平成28年9月に1,000万円を借金したケースです。

<借入金 1,000万円の場合の返済額比較(住宅金融支援機構)>

	金利		月額返済額		
	固定金利	変動金利	固定金利	変動金利	差額
1～5年	1.370 %	0.500 %	33,882 円	29,883 円	3,999 円
6～10年	1.370 %	1.000 %	33,882 円	31,770 円	2,112 円
11～15年	1.370 %	1.500 %	33,882 円	33,348 円	534 円
16～20年	1.370 %	2.000 %	33,882 円	34,551 円	△ 669 円
21～25年	1.370 %	3.000 %	33,882 円	36,273 円	△ 2,391 円
26～30年	1.370 %	4.000 %	33,882 円	37,173 円	△ 3,291 円
合計			12,197 千円	12,180 千円	18 千円

142ページにあるように住宅金融支援機構の場合の金利は35年固定の場合、1.37%です(繰上返済制限制度を利用する場合)。

つまり、ここでは架空の計算ではなく、住宅金融支援機構で実際に借りることができる条件で計算しているということです。

なお、この場合の変動金利の単純平均は2.0%ですから固定金利よりも0.63%高くなっています。いかがですか。皆様だったらいずれを選択されますか?

今は日銀がマイナス金利を打ち出したように史上最低金利の状況です。これ以上、下がることはあまり考えられません。

そして変動金利が3%とか4%まで上がることは可能性としてはあります。もし結果的に上がらなかったとしても1.37%の固定金利は非常に安いと思います。

というわけで、今までとは異なり固定金利を選択したとしてもそれほど大きな痛手とはなりません。
　ところが固定金利の場合には繰上返済すると違約金がかかるので、将来において繰上返済する可能性がないか慎重に検討する必要があります。
　次の「繰上返済の具体例」をご覧下さい。実務上、比較的多く発生する繰上返済の具体例が並べられています。

＜繰上返済の具体例＞

①現在の借入金利よりも市場金利がかなり下がったケース

②相続税を納税するために不動産を売却するケース

③相続で不動産を取得したが管理が大変なので売却するケース

④購入した物件を転売して利益を確定するケース

⑤購入した物件に関して減価償却費等の経費が少なくなり多額の税金がかかるようになったので売却するケース

⑥収用で不動産を売却せざるを得なくなったケース

⑦予定した家賃収入が入らなくなり借入金返済のために売却せざるを得なくなったケース

⑧節税対策として建物を同族法人とか相続人等に売却したり贈与するケース　　　　　　　　etc.

このうち①に関しては上述したように、これから新規に借り入れるものに関してはあまり問題にならないでしょう。これ以上、金利の下がる余地がないからです。
　したがって、どちらかと言えば既存の借入金に関する借り換えに限定されると思います。
　次に、②から⑦まではいずれも第三者に不動産を売却するケースです。不動産を売却する場合にも借入金が残っていれば売却収入から一括返済することになりますが、固定金利であれば違約金も一緒に支払う必要があります。
　また意外と気付かないのが、⑧のケースです。既に何度も指摘してきたことですが、不動産経営というのはスタート時点は支払利息とか減価償却費の関係から所得が抑えられるので所得税はそれほどかかりません。

　ところが**時の経過と共に、それらの経費が徐々に減少していきますので所得が多い人の場合は税金がドンドン増えていきます。**

　そこで節税対策として建物を同族法人とか相続人等に売却したり贈与することになるのですが、ここで問題となるのが違約金です。

　ところで、この違約金、どれほどかかるのかご存じですか？　金融機関によって様々ですが、だいたい**借入金残高の２％程度**が多いようです。したがって、例えば５億円だと1,000万円です。
　また、ある金融機関では次のような計算式で違約金の額を決めているようです。

> 違約金の額（ある金融機関の例）
> ＝ 借入金残高 × 残存期間 × 一定の利率

つまり借入金残高が5億円で残存期間が10年だと、以下の通り2,500万円にもなります（民間金融機関の場合には10年固定というのが多い）。

> 5億円の場合の違約金（ある金融機関の例）
>
> ＝ 5億円 × 10年 × 0.5％（この率は若干変えています）
>
> ＝ 2,500万円

いかがですか？　変動金利にしておけば違約金は全くかからないのに**固定金利を選んだばかりに莫大な違約金を払わないと繰上返済できない**のです（ただし金融機関によっては変動金利でも違約金がかかるケースあり）。

そして繰上返済できないと建物を法人に売却するといった節税対策が実行できませんので、今度は多額の所得税等を払い続けなければならないという何とも哀れなことになってしまいます。

なお、固定金利でも上述した住宅金融支援機構の場合には、こうした違約金はかかりません（ただし繰上返済制限制度を利用しない場合）。

金利の種別をいずれにすべきかについては、こうした極めて重大な問題が潜んでいるということです。

そこで我々の事務所では独自開発のソフトを使って、不動産を売却する可能性がないかどうか、将来30年に亘って詳細にシミュレーションした上でお客様にアドバイスしているのです。

特に最近は金利の下落を反映して様々な金融機関がお客様のところにアプローチしてきています。

もちろんトータルとしてメリットがあるのであれば積極的に借り換えればいいのですが、**固定にするか変動にするかは金利の多寡だけではない**ということだけはシッカリと理解しておいて下さい。

金利の多寡だけではなく！

なお、上記事例の金融機関の場合、10年固定の金利よりも変動金利のほうが若干ですが高くなっていました。他行に借り換えられるのを食い止める予防策なのでしょうか？

④ 返済期間は何年がいいか？

次は借入金の返済期間についてです。最近は驚いたことに建物の法定耐用年数よりも長い返済期間でも融資してくれるようになりました。

例えば木造であれば法定耐用年数は22年ですが、25年でもOKだし銀行によっては30年でもOKというところがあります。

また新築ではなく中古物件について法定耐用年数を超えて融資してくれるところが増えてきました。

例えばRCのマンションの法定耐用年数は47年ですが、築30年の物件で25年融資というのもあります（現在の法定耐用年数は47年ですが、改正前は60年でした。したがって、本来はそれほど驚くことではありませんが・・・）。

149

以前であれば返済期間が法定耐用年数内というのは当たり前で、耐用年数の3分の2以内という大変厳しい融資条件の金融機関もチラホラありました。

　これでは「融資しません」と言っているようなもので、大変腹立たしい思いをしたことが何度もあります。それがここ数年は全く様変わりの状況です。

　ところで、このような超金融緩和の時代において賃貸物件を新築する時の返済期間は何年ぐらいが適切なのでしょうか?

　これについては土地活用の目的によって変わってくるのだと思います。簡単にまとめますと次のようになります。

<土地活用の目的により異なる返済期間の考え方>

目　的	返済期間	理　由
相続税対策として	できるだけ長く	相続税対策のために借金して賃貸物件を建てるのであれば返済期間はできるだけ長くする必要があります。 また返済が終了に近づいた場合には、その時点で期間の延長ないし借り換えを検討します。もちろん建て替え時期との関係もありますが・・・。
現役時での副収入として	期待収入より逆算する	土地活用する年齢により異なりますが、家賃を副収入として考えているのであれば、返済期間をあまり短くすると期待した収入が得られません。毎月の期待収入から逆算して返済期間を決めることになります。
退職後の個人年金として	できれば退職時までの期間	現役時はサラリーマンの収入でどうにかなるが、引退後の公的年金だけではやっていけないのであれば、できるだけ退職時までに返済が終了するようにしたいものです。

このように家賃収入を現在あるいは退職後の副収入にしたいと考えているのであれば自ずと返済期間は決まってきますが、**相続税対策の場合には考え方を根本的に変える必要があります。**

借金を返済してしまえば相続税対策にならなくなるからです。したがって、例えば賃貸マンションの場合には最長借入期間が35年なので返済が終了に近づいた時点で返済期間を延長することになろうかと思います。

⑤ 元利均等か、元金均等か？

ご存じのように借入金の返済方式には元利均等方式と元金均等方式の2つがあります。

このうち元利均等方式は元金返済額と支払利息の合計額を毎回等しくする方法です。つまり「**元利合計均等**（がんりごうけいきんとう）」返済方式ということになります。

一方、元金均等返済方式は毎回の元金返済額を等しくする方法です。ただし支払利息の額は元利均等返済方式と同じく、その時点の借入金残高に利率をかけて求めますので、最初多くて徐々に減っていきます。

その結果、元金と利息を合わせた各回の返済額は最初多くて徐々に少なくなっていきます。

元利均等方式	元金返済額と支払利息の合計額を毎回等しくする方法
元金均等方式	毎回の元金返済額を等しくする方法

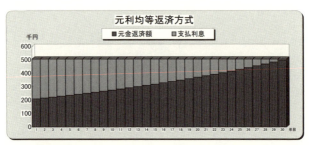

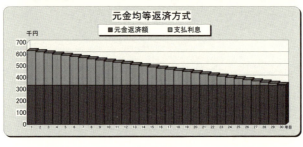

このような特色のある2つの返済方式ですが、賃貸物件の建築資金としてはいずれの方式が望ましいのでしょうか？

これについては借入金の返済期間と同じく、土地活用の目的によって変わってくるのだと思います。次ページの「**土地活用の目的により異なる望ましい借入金の返済方式**」をご覧下さい。

土地活用の
目的によって

＜土地活用の目的により異なる望ましい借入金の返済方式＞

目的	望ましい返済方式	理由
相続税対策として	元利均等方式	相続税対策のために借金して賃貸物件を建てるのであれば相続時点で借入金が残っている必要があります。ところが元金均等方式の場合には元利均等方式よりも借入金の返済スピードが速いのです。
現役時での副収入として	元利均等方式	元金均等方式は返済のスタート時点が一番多く徐々に少なくなっていきます。したがって最初の頃に多額の副収入を得たいのであれば元利均等方式に軍配が上がります。 ただし所得税等を支払った後の手取り収入については元金均等方式のほうが時間が経ってもあまり減りませんので、安定した副収入を期待したいのであれば元金均等方式のほうがお勧めです。
退職後の個人年金として	元金均等方式	現役時はサラリーマンの収入でどうにかなるが、引退後の公的年金だけではやっていけないのであれば、できるだけ早く返済の終わる元金均等方式が望ましいと言えます。

目的によって
変えねば…な

第7節 建て替える時期は？

　賃貸経営で一番嬉しいのは新築の時です。これには三つの理由があります。まずキレイで立派な建物を所有できるという点が一つ目。

　次に新築なので家賃設定さえ間違わなければ比較的短期間に満室になるという点が二つ目。

　そして新築当初は支払利息とか諸経費（※）の関係から不動産所得が低く抑えられるので税金がそれほどかからないという点が三つ目です。

収入が多く支出が少ないので使わなければ現金がドンドン貯まっていきます。人間、現金なもので現金が貯まってくると嬉しさが込み上げてくるというわけです。

> **※新築当初の諸経費**
>
> 新築当初の諸経費（登録免許税、不動産取得税等）については建築費と同じく借入金で資金調達することが多いため、営業開始時点で別途お金を工面する必要はありません。

　このように新築時点から当面は収支が非常に良いのですが、その後は所得税が増えてくるため徐々に悪化します。

　もちろん規模が小さく、その他の所得もそれほど多くない方は不動産所得が増えても適用税率がもともと低いので税金はそれほど増えません。ここに書いているのはあくまで規模が大きく、その他の所得もそれなりに多い方を対象としています。

このように所得が多い方の場合は所得税が累進課税であることから税金の支払いに苦しめられるのですが、そうした方でも、ある時を境に収支が俄然良くなる時がやってきます。簡単ですね、借入金の返済が終了する時です。

例えば、それまで 3,000 万円の家賃収入があったとしても、借金の返済で 1,500 万円（元利合計）、諸経費で 800 万円、所得税で 400 万円、合計で 2,700 万円払っていたとすると、手取り収入は 300 万円しか残りません。

ところが返済終了と同時に借入金返済額 1,500 万円の支払いがゼロになります。もちろん支払利息も無くなるのでそれだけ不動産所得が増え所得税はアップしますが、それでも借入金の返済額には遠く及びません。

こうした夢のような状況も残念ながら終焉を迎える時がやってきます。そうです。建物にガタがきて建て替えざるを得なくなる時期の到来です。

私は相続対策の提案をするようになって 30 数年しか経っていないため、私が提案して建設した賃貸マンションで建て替えの時期を迎えた物件はまだありません。

ただし中古物件の建て替えに関する相談は何度もあります。

要するに大規模なリフォームをするべきか否かといった相談とか、立ち退きをスムーズに行なうためにそれまでの普通契約を定期借家契約に変更すべきか否かといった相談です。

人間の寿命と同じく建物の寿命を見極めるのは意外と難しいというのが実感です。というのは大規模なリフォームをすると、それなりに寿命を延ばすことができるからです。

一方、リフォームをしなければ、よほど利便性の良い場所でない限りすぐに入居者からソッポを向かれます。つまり一斉退去です。

したがってギリギリまでリフォームで寿命を延ばすケースが多いのですが、別の理由、例えば相続が発生しそうな場合には相続税対策のほうが重要なので思い切って建て替えることになるわけです。

このように相続などの特別な理由がなければリフォームという延命措置を施してできるだけ稼いでおくことをお勧めいたしますが、こうした時に注意しておくべき点があります。

それは<u>同族法人とか相続人等に建物を売却ないし贈与で所有権を移しておく</u>ということです。

建物は古くなると簿価はゼロ(あるいは1円)になっているハズですし、固定資産税評価額も非常に小さくなっているので登録免許税とか不動産取得税といった移転コストはほとんどかかりません。

一方で支払利息とか減価償却費といった経費がゼロなので、節税の必要性が高くなっているケースが多いのです。つまり、<u>こうした中古物件の場合にはコストがかからず大幅な節税ができる可能性が高い</u>というわけです。

以上をまとめますと次のようになります。

＜建物の寿命が近づいたら検討しておくべき重要ポイント＞

① 借入金の返済後はキャッシュフローが非常に良くなるので、その期間をできるだけ延ばすべくリフォームを繰り返す。

② 建物は古くなると支払利息とか減価償却費といった経費が無くなり税金だけがバカみたいにかかるようになるので、節税のために同族法人とか相続人等に建物の所有権を移す。

③ 相続が発生しそうな場合には通常はキャッシュフローよりも相続税対策のほうが重要なので思い切って建て替える。

④ 立ち退きをスムーズに行なうために、それまでの普通契約を定期借家契約に変更する。

第8節 気を付けたい複数のアパートを建築するケース

　皆様方は広大地(こうだいち)という言葉を聞かれたことがありますか？　**広大地とは、その地域における標準的な宅地の面積と比較して著しく広大な土地のこと**です。

　この場合の著しく広大かどうかは次のように土地の所在場所に応じて決められている面積基準により判定します。つまり三大都市圏の場合には500㎡以上、それ以外の土地の場合には1,000㎡以上であれば広大地に該当するわけです。

＜広大地の面積基準＞

三大都市圏	500 ㎡
それ以外の地域	1,000 ㎡

　そして、ご自分の所有している土地が広大地に該当すれば、ものすごい評価減をしてくれます(ただし、後述するように広大地の条件には面積以外にもいくつかあります)。

　次の「**面積別広大地補正率の計算例**」をご覧下さい。土地の面積別に広大地補正率が表示されています。

例えば土地の面積が 1,000 ㎡の場合は広大地補正率が 0.55 なので通常の路線価で評価した額から 45％も評価減してくれます。5,000 ㎡だと補正率は 0.35 なので 65％の評価減です。スゴイと思いませんか？

＜面積別広大地補正率の計算例＞

面　積	広大地補正率
1,000 ㎡	0.55
2,000 ㎡	0.50
3,000 ㎡	0.45
4,000 ㎡	0.40
5,000 ㎡	0.35

$$※広大地補正率 = 0.6 - 0.05 \times \frac{面積}{1,000 ㎡}$$

　どうして広大地であればこんなに評価減を受けられるかといえば、こうした広い土地を戸建て住宅用地として分譲しようとすると、道路等の潰れ地が発生しますし造成費等のコストもかかります(道路部分は販売対象外です)。
　また宅地分譲業者が当該住宅用地を取得してから売却するまでには様々な費用がかかりますし、当然ながら一定の利益を確保する必要もあります。

戸建て分譲地
であることが前提

このように広大地というのは、その土地の最有効使用(※)が戸建て住宅分譲用地であることを前提に、上記のような様々なマイナス面を評価上、考慮してあげましょうというのがそもそもの趣旨です。

※最有効使用 ： 最も高く売れる土地の活用方法

したがって潰れ地が生じなければ減額する必要がないということで、次ページのような土地は広大地に該当しないことになっています。

<広大地を戸建て住宅用地として分譲する場合に必要となるコスト>

①潰れ地となる道路部分の土地(売却対象外)および道路を作るための造成費

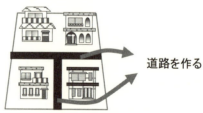

道路を作る

②宅地分譲業者が当該住宅用地を取得してから売却するまでの費用および利益

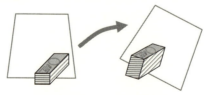

買ってから売るまでの費用・利益

> **＜潰れ地が生じない次のような土地は広大地評価を適用できない＞**
>
> ①間口が広く、奥行がそれほど深くない土地
>
>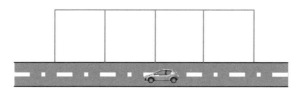
>
> このように道路を付けなくても簡単に区画分譲できる土地は潰れ地が生じないので広大地評価は適用できません。
>
> ②マンション適地
>
>
>
> 土地の最有効使用が戸建て住宅分譲用地ではなくマンションである場合も広大地評価は適用できません。マンションの場合には広い土地ほど利用価値が高く潰れ地が生じないからです。

　ところで以上は土地が更地の状態であることを暗黙の前提としていますが、すでに何らかの建物が建っている土地もあります。

　そして、その建物がマンションとかビルであれば開発済みだということで広大地評価は適用できないことになっているのです。<u>更地の状態であれば適用できたものが、すでに建物が建っていると適用できない</u>というわけです。

これではあまりにも不公平ではないでしょうか？　前述したように広大地に該当すれば、ものすごい評価減を受けられます。例えば土地の面積が1,000㎡あれば45％も評価減になるのです。

　ところが、すでに建物が建っていれば適用できないというからビックリです。それではどんな建物でもダメなのかについては次のような事例を載せています。

> ＜次のような建物が建っている土地は
> 　　　広大地評価を適用できない＞
>
> ①マンション・ビル等
> ②大規模店舗、ファミリーレストラン等

　このうち②については一般的に建物の規模が大きいので、前述したマンション適地の考え方を当てはめれば理解できます。
　ところが①のマンションとかビルの場合には規模の大きい建物もあれば、それほど大きくない建物もあります。にもかかわらず建物が建っているということで一律ダメというのでは納得できません。

これについては「アパートのような木造の２階建てはＯＫである」とか「マンションでも築年数が経っている場合はＯＫ」なんて勝手な解釈を基に運用されているというのが現実です。

また一方で「賃貸マンションであっても容積率の低い土地に相続税対策として建てた３階建て程度の建物であればＯＫ」といったケースもあります。

このように広大地に関しては実務上かなり混乱しているのですが、こうしたことを知らないで評価すると大損することになります。したがって、**かなり広い土地をお持ちの場合には資産税に詳しい会計事務所に相続税の申告を依頼するようにして下さい。**

木造２階建てなら…
古いマンションなら…
容積率が低ければ…
相続税対策なら…

※広大地評価に係る平成29年度の税制改正

平成29年度の税制改正で広大地の評価方法が見直される予定です。現行の評価方法は既に説明したとおり路線価と面積が同じであれば土地の形状(不整形・奥行)がどんなに違っていても全く同じ評価額となります。ところが現実の取引では形状が異なれば当然ながら時価は影響を受けるので、こうしたことを考慮してより現実に近づけようとしているわけです。

なお、この改正は平成30年1月1日以降の相続・贈与から適用されます。したがって広大地が適用できるような土地を所有している場合には平成29年中に何らかの対策を練っておく必要があります。

以上、広大地評価の基本的な知識をご理解いただいた上で、次の図をご覧下さい。これは1,000㎡の土地に賃貸マンションを建てた状態を表わしたものです。

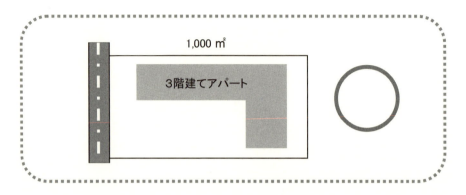

　前述した「**賃貸マンションであっても容積率の低い土地に相続税対策として建てた３階建て程度の建物であればＯＫ**」のケースだとお考え下さい。
　つまりマンションを建てる前の更地の状態でも、マンションを建てた後も広大地評価を適用できるというケースです。

　それでは次の図をご覧下さい。これは同じ土地にアパートを３棟建てた状態を表したものです。

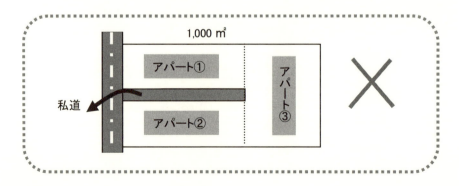

第5章 始める前に押さえておきたい土地活用Q&A

ここで皆さんに質問です。このようにアパートを3棟建てた土地は広大地評価を適用できるでしょうか？

AさんとBさんの次の会話を聞いてみましょう。

A氏：アパートのような木造の2階建てに関しては広大地評価を適用できることになっています。

B氏：原則はそうですが、土地の評価は利用単位毎に評価することになっています。この事例では3棟の敷地毎に評価します。

そうすると、それぞれの土地の面積は500㎡未満になるので、いずれも広大地評価は適用できません。

A氏：広大地評価に当たってアパートは無視できるので1,000㎡を基に判定すればいいと思います。

B氏：土地の利用単位毎に評価するという原則が優先されるので、すでにアパートが建っている場合にはそれぞれの敷地面積を基に判定せざるを得ないと思います。

いかがですか。いずれが正しいでしょうか？　これについては不動産鑑定士等の専門家の著書においては**私が調べた限りBさんの言い分が正しいものとして書かれています**(そもそもこういった論点すら問題にされておりませんが…)。

このような状況なので恐らくどんなに頑張っても裁判では負けることになると思いますので、そうしたことのないように土地活用に当たっては細心の注意を払っていただきたいと思います。

　もちろん以上の議論は最有効使用が戸建て住宅分譲用地であり、かつ道路等の潰れ地が生ずる土地を前提にしています。**潰れ地が生じない土地の場合にはそもそも関係ありませんのでご心配なく！**

　なお、所有している土地に上記のようなアパートがすでに建っており、相続が近々起こりそうな場合には次のような対策を実行されることをお勧めいたします。

＜すでにアパートが建っており
　　　　広大地評価が適用できない場合の対応＞

①アパートが古くなっているケース

　建ててからそれなりに時間が経過している場合には取り壊して更地にするか、建て替えて広大地評価が受けられるようにされたらいかがでしょうか？

②建ててからそれほど時間が経っていないケース

　取り壊すのはモッタイナイので建物を法人に売却されたらいかがでしょうか？　理由については「改訂増補版　アパマンも法人経営の時代です！」の238ページ以降をご覧下さい。

第6章

意外と効果のある不動産購入による相続税対策

収益不動産を購入することで相続税を安くする方法があるらしい。何事も勉強じゃ。

不動産に関する相続税対策というと通常は所有地の有効活用のことを思い浮かべることと思います。

ところが資産の組み換えの一環として中古の一棟マンションを購入するとか、土地を購入した上で賃貸マンションを新築するといった対策もあるのです。

私の事務所ではお客様の相続税対策として中古の区分所有マンションを購入することがよくありますが、その理由は節税効果が抜群に良いからです。

また土地の有効活用の場合には完成までにどうしても時間がかかりますが、中古のマンションであれば購入と同時に節税効果が発揮されます。

このようにメリットの大きい不動産の購入ですが、物件によって節税効果がかなり違ってきます。そこで、この章では物件の選び方に関してかなり詳しく書きましたので参考にして下さい。

資産を拡大しながら相続税も節税できる一石二鳥の対策です。一度、勉強してみて下さい。

第1節 相続税対策としての収益不動産の購入

1 相続税対策として収益不動産を購入する理由

　大地主さんの相続税対策と言えば、所有地にアパートとか賃貸マンションを建てるというのが一般的ですが、収益不動産を購入するというのも実は意外と多いのです（あくまで私の事務所のお客様のケース）。その理由についてまとめると次のようになろうかと思います。

＜相続税対策として収益不動産を購入する理由＞

①所有地に賃貸物件を建てても相続税をゼロにできない

　○容積率とか高さ制限のため高層マンションを建てられない場合がある。

　○一部の土地は相続税の納税用地として、また兄弟のマイホーム建設用地として確保しておきたい。

　○貸地の場合には時価に比較して相続評価は高いが、そのままでは土地活用できない。

　○立地条件が良くない土地には建てたくない。

②建物を建てる場合は完成までに時間がかかるが、中古物件は購入と同時に節税効果が発揮される

③資産を拡大することが結果として相続税の節税になる

④立地の良い土地を購入してマンションの建築プランを考える楽しさが味わえる

楽しい

まず最初が「①所有地に賃貸物件を建てても相続税をゼロにできない」というものです。どうして相続税をゼロにできないかというと、だいたい４つほどの理由が考えられます。

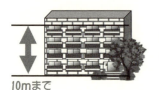

土地の所在場所によっても当然ながら違ってきますが、住宅地では容積率が80％、100％というのはザラですし、10メートルの高さ制限に引っかかることもあります。

こうした土地の場合には２～３階建てのアパマンしか建てられないので相続税対策としての節税効果もイマイチなのです。

また、一部の土地は相続税の納税用地として確保しておきたいということもあれば、遺産分割のために兄弟のマイホーム建設用地として確保しておきたいということもあります。

したがって、こうした土地の場合には駐車場などの暫定活用しかできませんので、相続税の節税にはならないのです。すでに親の土地に子供がマイホームを建築済みであっても自用地として評価されます。つまり評価減なしということです。

また、大地主の場合は貸地を所有していることが多いのですが、貸地というのは相続評価額が高いわりにそのままでは何の対策も実行できないというジレンマを抱えています。この貸地問題については第9章で詳しく解説しておりますので参考にして下さい。

そして4つ目として立地条件があまり良くない土地のケースです。何度も言うように、立地条件の良くない土地に借金して通常の賃貸物件を建築するというのはお勧めできません。

いくら相続税が安くなったとしても空室だらけで資金ショートしたのでは元も子もないからです。生前に売却するか相続税の納税用地、あるいはマイホーム建設用地等として活用すべきです。

次が「**②建物を建てる場合は完成までに時間がかかるが、中古物件は購入と同時に節税効果が発揮される**」というものです。

特に、ご高齢の場合にはいつ相続が発生してもおかしくありません。したがって、こうした場合には様々な対策を行ないながら同時並行で中古の収益物件を購入します。

中古の収益物件を

それから「**③資産を拡大することが結果として相続税の節税になる**」というものですが、**大地主の場合には往々にして先祖伝来の土地を守るということに主眼を置き、資産を拡大しようと考えている方は少ない**ようです。

所有地に賃貸物件を建てるというのは普通に行なっているのですが、第三者から不動産を購入している方はあまりいません。

これでは「**①所有地に賃貸物件を建てても相続税をゼロにできない**」等の理由から、財産は少しずつ目減りしていきます。

一般企業の場合は親から受け継いだ事業を少しでも拡大・発展させることが当然のように求められます。

もちろん昨今の厳しい環境から結果的に規模を縮小したり廃業を余儀なくされている事例は数多くありますが、だからといって拡大志向を止めたら、その瞬間から成長は止まります。

　これを不動産オーナーに当てはめれば、資産を拡大する意思がなければ相続税によって当然に財産は減少していきます。「**三代相続が続けば財産は無くなる**」のです。

　なぜ不動産オーナーだけが先祖から受け継いだ土地を守ればそれで済まされるのか、私には分かりません。

　もちろん少子高齢化という今までにない厳しい状況にありますので大変だとは思いますが、気持ちが守りに入ったら成長なんかありえないのです。

　最近、サラリーマンの不動産オーナーが増えているようですが、近い将来、大地主の立ち位置が彼らに取って代わられるのではないでしょうか。

　私の事務所の顧問先の中にも資産ゼロから今や10億円を超える方が出てきました。もちろん借金も多いので純資産は数億円程度ですが、借金の返済が終われば資産10億円の資産家になるわけです。

　少し話が長くなりましたが、いずれにしても不動産というのは嬉しいことに時価に比較して相続評価が圧倒的に低いという特徴があります。

この**不動産の持つメリットを最大限活用すれば莫大な財産を相続税の負担なく代々受け継いでいくことも可能**だということです。

　そして最後に「④立地の良い土地を購入してマンションの建築プランを考える楽しさが味わえる」というものです。

　これについてはまだ数件しか実績はありませんが、お客様のために土地探しから始め、デザイナーなど様々な専門家のアドバイスを受けながら、お客様と一緒になって差別化できるマンションを作るということもやっています。

　いずれの物件も時期が良かったのでかなりの含み資産になっていますが（利回りで計算すると簡単に分かります）、これからはお客様のものだけでなく自分自身でも積極的にやってみたいと考えています。

　以上、理由は様々ですが、**収益不動産に投資することは資産拡大になるだけでなく相続税の節税にもなる**ということです。

② こんなに大きい相続税の節税効果

このように相続税対策として収益不動産を購入する理由にはいろいろあるのですが、購入することで果たしてどれほどの節税効果があるのでしょうか？

最も手軽に実行できる中古の区分所有ワンルームマンションのケースで解説しておきます。

<計算の前提条件>

家族構成 ： 妻と子供2人
所有財産 ： 金融資産　　5,000万円
　　　　　　 土地＋建物　　4億円
購入物件 ： 中古のワンルームマンション
　　　　　　 2,000万円／戸 × 15戸 ＝ 3億円(全額借金)
相続評価額 ： 3億円 × 25% ＝ 7,500万円

まず前提条件ですが、家族構成は奥さんとお子さんが2人、所有財産は金融資産が5,000万円、不動産が4億円とします。

そして、1戸当たり2,000万円の区分所有マンションを15戸、全額借金で購入するものとします。

なお、この物件の相続評価額は購入価格の25%としました。この割合は築年数とか利回りによって若干違ってきますが、都心の物件はだいたいこの程度です。

どうしてこんなに時価と相続評価額に差があるのかの理由については次ページの「**第2節　どんな物件を購入すべきか？**」で詳しく解説しております。

それではここで次の「**区分マンションを購入した場合の節税効果**」をご覧下さい。購入前の相続税は一次と二次の合計で9,583万円です。

物件購入後は2,673万円ですから実に3分の1以下です。マンションを購入するだけで7,000万円近い節税になるのです。

もちろん、これは購入直後ですから、借金の返済と共に相続税は増えていきます。したがって、実際に購入を検討する場合にはそうしたことも織り込みながら最終的に購入物件数ないし購入金額を決めることになります。

＜区分マンションを購入した場合の節税効果＞

区　分	購入前	購入後	節税額
一次相続	5,493万円	1,663万円	3,830万円
二次相続	4,090万円	1,010万円	3,080万円
合　計	9,583万円	2,673万円	6,910万円

第2節 どんな物件を購入すべきか？

174ページでは中古の区分所有ワンルームマンションのケースで相続税の節税効果を計算したのですが、果たしてどういった物件が相続税対策に適しているのでしょうか？

1 一般の投資物件と相続税対策としての投資物件との大きな違い

まず最初に一般の投資物件と相続税対策としての投資物件がどのように違うのかを比較するところから始めたいと思います。

● 一般の投資物件の場合は利回りと担保価値で判断する

それでは一般の投資物件から見ていきましょう。最近、サラリーマンの方が大挙してアパートとかマンションを購入しているようですが、彼らはどういったスタンスで物件を探しているのでしょうか？

私はサラリーマン投資家の方が書かれた書籍もよく読みますし、お客様からもよく相談を受けるのですが、基本的に利回りと担保価値で物件の良し悪しを判断しています。

これは投資する人だけでなく不動産会社も金融機関も同じです。つまり同じ価値判断の基に行動しているということです。以下、それぞれの内容について解説しておきます。

利回りと担保価値

①利回り

　利回りというのは年間の家賃収入を物件価格で按分した割合ですが、この割合が高いほど借入金の返済が楽になりますので資金ショートを起こす可能性が低くなるというわけです。

　ただし、利回りが高い物件というのは価格が安いということですが、安物には安いなりの理由があります。代表的なものとして次のようなものが挙げられます。

（ついつい安いものに手が出て…）

＜利回りが高い物件（＝価格が安い物件）＞

○古い物件
　日本の場合は建物が古くなるほど価格が下がりますので、逆に利回りはアップします。家賃収入は物件価格ほどには急激に下がらないからです。

○地方物件
　地方にいくほど空室リスクとか流動性リスクが高まりますので利回りはアップします。つまり地方ほど家賃収入に比較して相対的に価格が安くなるということです。

　このように古い物件ほど利回りが高くなるのですが、それだけ**残存耐用年数が短くなります**ので借入期間もそれに応じて短くなります。借入期間が短くなるということは毎年の返済額が多くなるわけで、それだけ返済が厳しくなります。

　また、地方物件のように空室リスクとか流動性リスクが理由で利回りが高い場合には融資する金融機関も貸倒れのリスクが高まりますので金利を高くします。その結果、返済が大変になるというわけです。

このようなことから単純に利回りの高低だけでは結論を出せませんが、同じ築年数であるとか所在場所もほぼ同じであれば利回りは高いに越したことはありません。
　このように**利回りというのは不動産経営の安定度を図る一つのモノサシになる**ということです。

②担保価値

　不動産賃貸業というのは他の商売よりも経営の安定性が高いと言われていますが、それでも何らかの理由により資金ショートを起こし、結果としてデフォルト（債務不履行）になることがあります。
　こうした場合、金融機関は不動産を売却して債務を一括返済してもらうことになるわけですが、担保価値が高いと貸付金の回収可能性が高まります。
　ところで、一般的に土地の固定資産税評価額は時価の７割、相続税評価額は時価の８割を目安にしています。したがって、これらの額よりも融資額が少なければ少ないほど安全だということになります。

　このように**金融機関は利回りでデフォルトになる可能性を判断し、実際にデフォルトになった場合の回収可能性を担保価値で判断している**ということです。もちろん購入しようとしている人の属性（自己資金、給与収入など）も考慮に入れますが・・・。

相続税対策として不動産を購入する場合は時価と相続評価に乖離がどれだけあるかが最大のポイント

以上は一般の収益不動産に投資する場合の考え方ですが、**相続税対策のための物件探しではこれとは真逆の判断をします。**

相続税対策になるということは時価と相続評価に乖離があるということです。つまり時価と比較して相続税評価額がかなり低い物件でなければ意味がないのです。以下、これについて解説しておきます。

①利回りの高い物件は相続税対策にならない

上述したように一般の収益不動産の場合は利回りが高い物件が好ましいが、利回りが高い物件というのは古い物件とか地方物件ということになります（もちろん、これ以外にも最寄駅から距離があるとかワケ有り物件なども該当しますが、長くなるのでこれらについては省略します）。

ところが、**こうした物件は時価と相続税評価額（固定資産税評価額）にあまり開きがないのです。**その理由は次の通りです。

＜利回りが高い物件は時価と評価額にあまり開きがない理由＞

〇古い物件
　新築建物の固定資産税評価額は政策的に建築費（時価）より大幅に安くしているが、その後は時価（売買価格）の下落ほど下がらないため

〇地方物件
　建物の固定資産税評価額は日本全国それほど変わらないが、価格（時価）は地方にいくほど安くなる

以上は建物に関するものですが、土地についても前述した空室リスクとか流動性リスクのため地方のほうが時価と相続税評価額に開きが少ない物件が多いのです。
　このようなことから<u>一般的に利回りの高い物件というのは相続税対策には向かないと言えます。</u>

②担保価値が高い物件は相続税対策にならない

　また担保価値が高い物件も同様に相続税対策には向きません。というのは担保価値が高い物件というのは前述したように相続税評価額が高い物件です。
　時価と比較して相続税評価額が高いということは両者にあまり開きがないということですから、当然ながら相続税対策にはなりません。

　以上、長々と説明してきましたが、<u>一般の投資物件と相続税対策のために購入する物件ではこのように評価ポイントがかなり違いますので明確に区別する必要があります。</u>
　私が不動産会社の方とか金融機関の方と打ち合わせをするときに当惑するのはこういった理由があるからです。

　ところで利回りがそれほど良くなく担保価値も低いというのでは銀行としては心配になりますし、投資する側も資金ショートを起こしたのでは本末転倒です。
　これに関しては土地の有効活用で既に多額の家賃収入がある方を前提にしておりますので資金ショートを起こすようなことはありません。

それを裏付けるために我々の事務所では事前に将来30年先までの収支、相続税額をシミュレーションした上でご提案しております。

以上は担保価値という観点からの説明ですが、金融機関によっては収益還元価格で評価して融資額を決定しているところもあります。

この方法は家賃収入から逆算して物件価格を算定する方法です。例えば年間の家賃収入が1,000万円で還元利回りが5％の場合の収益還元価格は2億円ということになります。

＜家賃収入が1,000万円の場合の収益還元価格＞

1,000万円 ÷ 5% ＝ 2億円

投資する側は収益還元価格を基に購入を検討するわけですから、転売する場合にも基本的にこの価格で売却できます。要するに、この収益還元価格が本来の時価ということになります。

2 なぜ区分所有マンションは時価と相続評価に乖離があるのか？

　以上、区分所有マンションというのは時価と相続評価に乖離があり節税に効果があるということを説明してきましたが、なぜ乖離があるのか疑問に思われませんか？

ソンをしてる？

　普通の土地であれば路線価は時価の8割なのに区分所有マンションの敷地はだいたい5割です。ということは時価が高過ぎるのではないか、結局ソンしているのではないかということです。

　私はお客様のために今まで数多くの区分所有マンションを購入するお手伝いをしてきたわけですが、当初はどうしてこんなに路線価と比較して時価が高いのか疑問を感じていました。

　区分所有マンションだけではありません。私はお客様のために土地を購入した上でマンションを建てるということもやっているのですが、土地の価格がやはり路線価の倍もするのです。

　こんなに高い土地を仕入れて果たしてペイするのだろうかと心配していたのですが、**自分でやったほうが逆に利回りが高くなります。**

　考えてみれば当たり前なのですが、**専門業者（デベロッパー）が土地を仕入れてマンションを建て分譲する場合には実に様々な経費がかかります。**

　土地の購入代金を初めとして建築費、販売経費、本社費、マージン等々です。これを自分でやる場合には販売費、本社費、マージンが不要ですし建築費もできるだけ安いところに依頼します。

もちろん我々も所定の報酬はいただきますが、専門業者と比較するとかなりコストを抑えられるのです。

ところで、こうした経験を何度もする内にいろいろなことが分かってきました。先ほどの土地の時価と路線価との乖離の理由もその一つです。

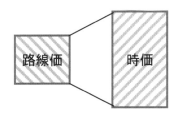

以下、この理由について解説しておきたいと思いますが、ある程度、不動産に関する知識がないと難しいので、ここはスキップしてもらって結構です。本題には直接関係ありませんので…。

マンション適地の場合、時価は路線価の2倍が相場

それではまず最初に次の図をご覧下さい。

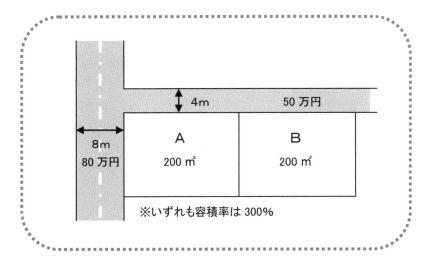

図のようにAという土地とBという土地があるとします。いずれも指定容積率は300％ですが、Aは幅員が8mの道路に面しており、一方のBは4mの道路にしか面していないものとします。

　こうした場合、住居系の地域では前面道路の幅員に0.4をかけた容積率までしか建てられないことになっています。これを基準容積率と言いますが、事例に当てはめますと次のようになります。

> A地：8m × 0.4 × 100％ ＝ 320％
> B地：4m × 0.4 × 100％ ＝ 160％

　要するにA地は指定容積率である300％と基準容積率である320％のいずれか少ない率、つまり300％まで建てられますが、B地は300％と160％のいずれか少ない率、つまり160％までしか建てられないということを示しています。ほぼ半分の建物面積です。

　なお、ここでは取りあえずA地、B地とも指定容積率を300％と仮定しましたが、A地は商業地で指定容積率が500％、B地は住宅地で指定容積率が200％といったこともよくあります。

　次の計算式のA地のほうをご覧下さい。先ほどは前面道路の幅員にかける割合は0.4でしたが、今度は0.6になっています。これは商業地のように住居系以外の地域については0.6をかけることになっているからです。

> A地：8m × 0.6 × 100％ ＝ 480％
> B地：4m × 0.4 × 100％ ＝ 160％

したがって、このケースではA地は500％と480％のいずれか少ない率、つまり480％まで建てられますが、B地は200％と160％のいずれか少ない率、つまり160％までしか建てられないのです。実にA地はB地の3倍の建物を建てられるというわけです。

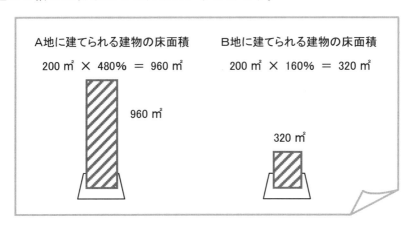

いかがでしょうか？　隣接した土地であっても許容容積率はこんなに違う場合があるのです。そして許容容積率が高くなれば土地の時価はそれに比例して高くなります。

ところが路線価というのは基本的に同じ道路に面していれば同じ評価になります。土地ごとの許容容積率に比例して上下するということはありません。

事例の場合、A地が面している道路は8m、B地が面している道路は4mですから、A地の路線価は当然ながらB地よりも高くなりますが、許容容積率の差である3倍になることは考えられません。

この事例ではA地の路線価を80万円、B地の路線価を50万円としましたが、だいたいこんなものではないでしょうか。

以上でデータが出揃いましたので、A地、B地のそれぞれの時価（公示価格）を求めてみましょう。

まずはB地から。

> ○B地の相続税評価額：50万円 × 200㎡ = 1億円
>
> ○B地の時価(公示価格)：1億円 ÷ 80% = 1億2,500万円

相続税評価額を80%で割ったのは路線価が公示価格(時価)の80%を目安にしているからです。それでは次にA地はどうでしょうか？

> ○A地の相続税評価額：80万円 × 200㎡ = 1億6,000万円
>
> ○A地の時価(公示価格)：1億6,000万円 ÷ 80% = 2億円

A地に関しても取りあえず相続税評価額を80%で割って時価を算定してみたところ2億円になりました。

もし、この2億円が売出価格だとしたらどうなるでしょうか？ おそらく瞬時に買われてしまうでしょう。まあ、こんな価格で売りに出す地主さんもいないでしょうが…。

それでは不動産会社に時価を算定してもらったとしたら、いくらになると思われますか？

不動産会社の算定は…

前述したとおりA地に建てられる建物の床面積はB地の3倍です。したがって本来ならA地の時価はB地の時価である1億2,500万円の3倍でもおかしくないはずです。つまり3億7,500万円です。

この価格をA地の相続税評価額である1億6,000万円で割ると2.3倍になります。さすがにここまではアップしないでしょうが、路線価の2倍というのは十分考えられます。そうするとA地の時価は3億2,000万円ということになります。

以上、かなり大雑把に計算してみましたが、許容容積率によってはこれぐらい路線価との開きが生ずるということです。

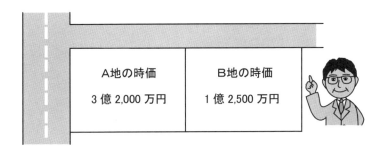

要するに土地の値段が路線価の2倍だったとしてもペイするのであれば全く問題ないということです。

ところで、購入予定の土地にどれほどの建物が建てられるか調査することをボリュームチェックと言いますが、間取りなども同時に決めなければなりませんので、実際には建築士に依頼して調査することになります。

土地活用として自己所有地にどれほどの建物が建つのかを調査する場合には、その土地だけを調べれば済みますが、土地を仕入れる場合には何十件も調査することになりますので、これが意外と大変。

図面では行けそうな物件なのに調べてみるとペイしないということは普通にありますし、モタモタしていると別の業者に買われてしまいます。時間との勝負なのです。

建物の相続評価額は時価(建築費)の約 30%

次は建物の相続評価と時価との比較です。ご承知のように建物の相続税評価額は固定資産税評価額と同額です。そして貸家の場合には更に借家権割合である 30%を控除することになります。

ところで肝心の固定資産税評価額ですが、建築費に対してどれほどの割合になるのでしょうか？ 様々な書籍を見ると 50%～60%というのが多いようですが、我々のお客様の実例で計算すると少し高いようです。

これについては建物の構造によっても違いますし建築場所によっても異なります。また時期によっても当然ながら異なります。

バブルの時なんか建築費が異常に高かったので、この割合が 30%ということもありました。現在は東日本の復興需要であるとかオリンピックの開催、アベノミクス等々により建築費が高騰していますので、また同じような割合になってきました。

このように様々な要因により変わってくるわけですが、私はだいたい**木造で 45～50%、非木造で 40～45%程度**を目安にシミュレーションしています。

例えばＲＣの賃貸マンションだと、相続税評価額は次のように 28%になります。

<賃貸マンションの建物の相続税評価額>

= 建築費 × 40% ×（1 － 30%）
= 建築費 × 28%

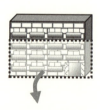

72%が評価減

したがって例えば建築費が1億円だとすると建物の相続税評価額は2,800万円ということになります。ということは差額7,200万円が評価減になるということです。

建築費が倍の2億円だと1億4,200万円、3倍の3億円だと2億1,600万円です。すごい評価減です。このように建物というのは新しいほど相続税の節税効果が高いということになります。

一方、日本の場合には建物が古くなるほど価格（時価）は安くなります。意外かも知れませんが先進国では珍しいのです。

ところが右の図のように固定資産税評価額はそれほど急に下がりませんので、だんだんと両者の開きが無くなってきます。ということは古い建物ほど相続税の節税効果が逓減するということです。

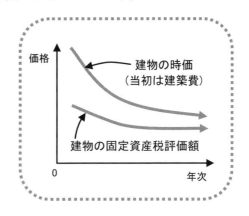

物件によっては固定資産税評価額より時価のほうが安いということもあります。

以上で相続税対策のためにはどのような物件を購入したらいいのか、だいたいの見当がつくようになったのではないかと思います。

そこで、以上の考え方を基にして「**一棟モノか、区分所有マンションか？**」、「**中古か、新築か？**」というテーマで簡単にまとめておきましたので参考にして下さい。

一棟モノか、区分所有マンションか？

<一棟モノと区分所有マンションの比較>

	メリット	デメリット
一棟モノ	①融資がつきやすい ②数多くの物件を購入する必要がないので手間が楽	①高額なため物件選びを間違えると悪影響が大きい
区分所有	①立地条件の良い物件を選択しやすい ②相続税の節税効果の大きい物件を探しやすい ③所在地を分散すれば災害等のリスク分散になる ④遺産分割しやすい ⑤1戸当たりの価格が安いので転売しやすい	①1戸当たりの価格が安いので数多くの物件を購入する必要がある ②相続税の申告が大変(物件ごとに全体を評価する必要がある)

　区分所有のデメリットにある**「②相続税の申告が大変(物件ごとに全体を評価する必要がある)」**というものですが、区分所有マンションの場合には、まず全体の土地を評価した上で、それぞれの持分をかけて計算することになっています。
　個々の物件価格は安いのに相続評価に当たっては全体の土地を評価する必要がありますので、意外と大変なのです。

中古か、新築か？

＜中古物件と新築物件の比較＞

	メリット	デメリット
中古物件	①新築に比べて利回りが高い ②物件が豊富にあるので所在地を分散させることが可能	①物件は豊富にあるが、優良物件を探すのは意外と難しい
新築物件	①相続税対策としての効果が大きい ②転売するときに残存期間が長いので購入者を見つけやすい ③土地から仕入れて新築する場合は自分で建築プランを考えられる楽しさがある ④新しい物件なのでオーナーとしての満足度が高い	①利回りが低いので資金繰りが厳しくなる ②新築するケースでは完成引き渡しまでに時間がかかる

　新築の区分所有マンションは様々なコストがかかっているので利回りが非常に低い。自分が住むのであれば、それは消費行動なのでとやかく言いませんが、投資として購入することはお勧めいたしません。
　一方、同じく新築でも土地から仕入れてマンションを建てるという方法は無駄なコストがかからず相続税の節税効果も抜群なのでお勧めです。
　ただし、最近は土地の値段がかなりアップしていますので慎重に検討する必要があります。

③ 海外不動産は効果があるのか？

ハリウッドにあるアパートを購入した時の話

　皆様方は海外不動産にご興味はありますか？　私はかなり前ですが、お客様と一緒にカリフォルニアにある収益物件の調査に２回ほど行ってきました。

◇ハリウッドにあるアパート
（購入したものとは別）

　結局、ハリウッドにある新築アパートを一棟購入したのですが、その時は相続税対策というよりも純粋に不動産投資が目的だったので現地法人を設立して、その法人で購入しました。
　この物件は購入後、ロサンゼルス暴動（※）が勃発したことから将来の価格下落を心配して売却しましたが、ドルベースではその後もアップしていったようです。

　　※韓国人による黒人差別に腹を立てた黒人が韓国人の経営する商店を破
　　　壊した事件

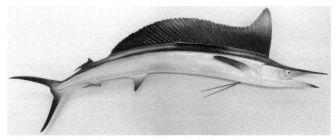

◇ロスからの帰りにハワイで釣ったカジキマグロ

ハワイには剥製にする設備がないのでいったんフロリダまで送り、そこから日本に空輸しました(全部で20万円ほどの経費がかかる)。なお、この剥製は事務所の壁に掲げています。

所得税がウンと安くなるアメリカ不動産投資の仕組み

その後、海外不動産との関わりはほとんどなかったのですが(※)、数年前から、またいろいろと情報収集を始めています。その理由は何件かのお客様で不動産所得が増え何らかの対策をしなければならなくなったからです。

> (※)新規のお客様からの依頼でニューヨークのセントラルパークに所有していたコンドミニアム売却に伴う税務申告のお手伝いをしたことはあります(197ページ参照)。

もちろん、これらのお客様とはかなり以前から様々な対策をやってはいるのですが、それでも間に合わず何か良い方法がないか検討していたところに海外不動産のことを思い出したというわけです。

ところで、日本人ないし日本の法人が海外不動産を購入した場合、日本だけでなくアメリカでも税務申告する必要があります。

したがって両国の税法の違いを理解しておかなければなりません。もちろん実際の申告は税理士等の専門家が行なうので細かい知識は必要ありませんが、アメリカの不動産を購入すると、なぜ税金が安くなるのか、ご存じでしょうか？

それほど難しくはありません。次の「**日本とアメリカの減価償却制度の違い**」をご覧下さい。

<日本とアメリカの減価償却制度の違い>

	日　本	アメリカ
土地と建物の割合	土地：70% 建物：30% ※物件の所在場所、築年数によって異なる	土地：20〜30% 建物：80〜70% ※物件によって多少異なる程度（新築の場合、若干建物割合が高くなる）
耐用年数 （居住用）	新築：建物の構造によって19年〜47年 中古：築後経過年数により異なる ①法定耐用年数を経過した資産 　耐用年数 × 20% ②法定耐用年数の一部を経過した資産 　（法定耐用年数－経過年数）＋（経過年数 × 20%） ※1年未満が生じた場合は切り捨て ※中古の場合、これより長くすることは可能	27.5年 ※新築、中古、建物の構造に一切関係なし

上段には土地と建物の割合が書かれています。日本の場合、土地の割合が70％で建物の割合が30％となっています。もちろん、この割合は物件の所在場所とか築年数によって違ってきますが、平均すると、だいたいこんな割合ではないかということです。

一方、アメリカの不動産は日本と異なり建物の割合が圧倒的に大きいのです。物件によって多少の違いはあるものの、新築で80％、中古で70％といったところでしょうか。

どんなに古くても27.5年

ご承知のように土地は減価償却できませんが、建物は可能です。したがってアメリカのように建物の割合が大きいと減価償却費を多く計上できます。

それだけではありません。日本とアメリカでは建物の減価償却制度がかなり異なっています。

日本の場合、中古の建物の耐用年数は築後経過年数に応じて短くなるのですが、アメリカの場合にはどんなに古くなっても一律27.5年です（業務用は39年）。これは新築、中古、構造が違っても全く同じです。

にわかには信じがたいかも知れませんが、どんなにガタが来ていても、木造であれ鉄筋コンクリートの頑丈な建物であれ同じです。

これが日本の場合には例えば木造で法定耐用年数を過ぎていれば次のように最短4年で償却できます。

＜法定耐用年数を過ぎた木造建物の中古耐用年数（日本の場合）＞

＝ 22年 × 20％ ＝ 4.4年 → 4年（1年未満切捨て）

↑
法定耐用年数

具体例で計算してみましょう。例えば法定耐用年数を過ぎた1億円の木造アパート(建物の割合 70%)を購入した場合、毎年の減価償却費は次のように1,750万円となります。

＜物件価格1億円のアパートの年間減価償却費の計算＞

建物 ……… 　1億円　×　70%　＝　7,000万円
減価償却費 … 7,000万円　÷　4年　＝　1,750万円

アメリカ人が同じ物件を購入した場合は年間254万円(7,000万円÷27.5年)しか減価償却費を計上できないのに、日本人とか日本の法人がアメリカの不動産を購入した場合には1,750万円も計上できるのです。

2億円のアパートなら年間3,500万円です。3,500万円の所得の人というとかなりの高額所得者ですが、そういった方がアメリカの中古アパートを購入すると税金がゼロになるのです。

減価償却費というのは償却が終われば、それ以上は償却できません。したがって償却後はメリットがありませんので転売することになりますが、そのときの**建物の簿価はゼロ(0)ですから譲渡収入金額の全てが譲渡所得税の課税対象になります**(実際は概算経費である5％は控除できます)。

この事例では売買価格を購入価格と同額の1億円とした場合、土地代だけは控除できますので譲渡所得は7,000万円です。

そして譲渡所得に係る税率は長期所有の場合で20％ですから、税額は1,400万円となります。

一方、不動産所得等(総合課税の所得)に係る最高税率は55％ですから(別途事業税あり)、税率20％というと3分の1程度です。

ところで長期所有というのは譲渡した年の1月1日時点で5年を超えていなければなりませんので、4年で償却したのでは5年目以降、不動産所得が増えてしまいます。

そこで実際は償却期間を4年ではなく例えば6年で償却したりします。あるいは、その時点で物件を買い足すことでも構いません。

いずれにしても**償却のうま味の切れる5～6年で売買を繰り返すことになります。**

アメリカの不動産価格はほとんど下がらない

上述したように、この事例では償却後に購入価格と同額の1億円で売却したものとして計算しましたが、5年以上経過したのですから普通なら価格が下がりそうです。

もともと法定耐用年数を過ぎた物件で、なおかつ購入してから5年以上も経過したわけですから、日本なら逆に解体費のほうが高くなりそうですが、アメリカではほとんど価格が下がらないのです。

むしろ長期的には平均で4％ほど値上がりしているとのことです。前述したカリフォルニアのアパートもドルベースでは上がりましたし、ニューヨークのコンドミニアムも同様です。

特に後者の物件なんか10年以上所有していたにもかかわらず、5,000万円ほどで購入した物件がなんと1億円以上で売却できたのです。それも売却時点では確か築55年ほどでした。

このように日本なら建て替えるような物件が、アメリカでは古くなっても価格が下がらないのです。
　もちろんアメリカでもサブプライムローンの問題であるとかリーマンショックのようなことがあれば下がりますが、それは全ての物件が下がるのであって中古物件だけが下がるのではありません。
　このようにアメリカでは建物が古くなっても通常の維持管理をしておけば基本的に価格は下がらないので、耐用年数も一律27.5年になっているのではないかと思います。

どの国が？

　ところで前述したとおり近々海外不動産を購入したいと考えているのですが、どの国の物件を選べばいいのか迷っています。
　キャピタルゲインが目的で購入するのであれば東南アジアの物件も選択肢の一つに入るとは思いますが、所得税対策がメインであるため、できるだけリスクを抑えなければなりません。
　自分が投資するならまだしも、お客様に投資してもらうわけですからカントリーリスクのようなものは避けなければなりません。したがって、やはり今はアメリカがいいのではないかと考えています。
　ただし、アメリカの物件はカリフォルニアでもハワイでも物件価格が上昇を続けているため利回りがかなり下がっています。特にハワイの物件は全額自己資金で購入する方が多いようで、ほとんどの人は利回りに関してはあまり気にしていないようなのです。

為替の変動
所得税の節税
価格の変動

　したがって<u>借金して海外不動産を購入する場合には所得税の節税だけでなく、価格の変動、為替の変動、キャッシュフローの状況等々、あらゆる変動要因を全て考慮に入れてシミュレーションする必要があります。</u>

海外不動産を購入するとなると、私も現地調査に同行する必要がありますが、乗り物酔いをするので躊躇しているところです。

前回行った時はまだ若かったので、どうにかなったのですが・・・。どなたか良い薬をご存じないですか？

アメリカの不動産は相続税の節税にはならない

以上長々とアメリカの不動産の税務メリットについて解説してきたわけですが、アメリカの不動産は相続税の節税に効果があるのでしょうか？

結論から言えば、**アメリカの不動産は相続税の節税にはほとんど効果がありません。**

アメリカにあるアパートとかコンドミニアムを所有している状態で相続が発生した場合、当然ながらそれらについても相続税の課税対象となります。

そして、その場合の評価額ですが、これについては日本のような路線価といったものはなく、その時の時価で申告することになります。

日本の場合には様々な政策目的を実現するために公示価格とか、路線価、固定資産税評価額等が発表されていますが、アメリカの場合には基本的に取引時価というものしかありません。

したがって時価が上がれば相続税も高くなりますし、反対に下がれば安くなるというだけです。**日本のように時価と路線価との差額が評価減になるということは基本的にありません。**

4 広大地評価を適用できる不動産もお勧め

　広大地評価については 158 ページ以降で詳しく解説しておりますが、こうした広大地評価を受けられる物件があれば積極的にお勧めいたいと考えています。

　広大地評価を受けられるということは原則として土地の面積が 500 ㎡以上でしょうから（三大都市圏の場合）、それなりに郊外の物件になろうかと思います。

　したがってアパートとか低層のマンションが多いと思いますが、土地自体でかなり評価が下がりますので、こういった物件も選択肢の一つになり得るということです。

500 ㎡以上
（三大都市圏の場合）

広大地は
かなり評価が下がる。

5 タワーマンションは利回りが大切

　一時期タワーマンションによる節税が流行っていましたが、今は少し鳴りを潜めているようです。それというのも総務省と国税庁が**「高層マンションの相続税評価」**を見直す動きがある旨、新聞報道されたからです。

　どのような点を見直すかというと、階数によって固定資産税評価額を変えるとのことです。建物の相続税評価額は固定資産税評価額と同額なので固定資産税評価額を変えれば相続税評価額も変わります。

ご承知のように高層マンションの場合、階数が高くなるほど値段が上がります。ところが固定資産税評価額は床面積が同じであればいずれの階であっても同額なので、高層階ほど時価と相続評価に乖離が生ずるのです。

ところが報道のように階数によって評価額を変えれば、それだけウマ味が減少することは明らかです。また、もし予定どおり変更されたとすると相続税対策としての効果だけでなく毎年の固定資産税にも影響が出ます。

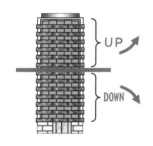

建物全体の固定資産税評価額は変わらないと思いますので、真ん中の階から上は固定資産税がアップし、下の階は逆にダウンすることになります。

したがって、物件価格そのものも影響を受けるのではないでしょうか。

つまり真ん中から上の階は価格が下がり、反対に下の階は価格が上がるというわけです。

なお、実際に改正がなされても、これから新築する物件のみが対象となります。既存の物件まで対象にするとパニック状態になることが想定されるからです。

いずれにしても、こうした変更があろうがなかろうが**タワーマンションが相続税対策になることだけは事実です**。174ページで詳細に分析したとおり、タワーマンションでなくともかなりの節税になるからです。

因みにタワーマンションというのは特に規定があるわけではありませんが、一般的に20階建て以上の超高層マンションを指しています。

＜建物の階数により異なるマンションの呼び名＞	
20階建て以上	超高層マンション（タワーマンション）
6〜19階建て	高層マンション
4〜5階建て	中層マンション
3階建て以下	低層マンション

　ところで私は今までお客様にタワーマンションの購入をお勧めしたことはありませんでした。その理由は高額家賃を支払える人はかなり限定されること、一般的な区分所有マンションと比較して利回りがそれほど高くないと考えていたからです。

　ところが実際にレインズ（不動産業者向け物件情報サイト）で調べてみると、普通のマンションと比較してもそれほど遜色のない物件があることが分かったのです。またタワーマンションというと最低1億円はするものだと考えていたのですが、部屋の広さが35㎡程度であれば3,000万円から4,000万円ほどで購入できることも分かりました。

　こうしたことから最近お客様の相続税対策の一環として3物件ほど購入のお手伝いをしました。といっても全部で15ほど購入した物件の内の3物件ですので全体に占める割合は5分の1程度です。

　タワーマンションの場合には全体の規模が大きく、1階のエントランスなど共用部分はかなり充実しています。私自身は高所恐怖症なのでダメですが、利回りがそれほど悪くないのであれば一部を購入対象に組み込んでもいいのかも知れません。

第6章　意外と効果のある不動産購入による相続税対策

第3節 相続後に転売か継続保有か？

● 継続保有か転売かの判断基準

相続税対策のために購入した物件、これを相続後も継続して保有したほうがいいのか、時機を見て売却したほうがいいのか、迷うところです。

これについてはその時の不動産市況であるとか資金収支の状況、あるいは物件自体の思い入れ、購入目的等によって異なります。

例えば不動産の価格が上昇している時であれば、しばらくは売却を見合わせるのもいいでしょうし、利回りが悪く保有し続けることが難しいとか価格が下がっているような場合には早期に売却すべきでしょう。

また土地を仕入れた上で建築プランを何度も練り直して作った思い出深い建物であるとか、当初の目的が相続税の節税だけでなく資産拡大もその理由にあるのであれば急いで売却する必要はありません。

以上はどちらかと言えば一般的な判断基準ですが、**転売時期を考えるに当たっては税務のことも考慮しておく必要があります**。せっかくリスクを取って購入した不動産です。税務否認を受けることなく、また税金上もできるだけ有利になるよう売却時期を検討しましょう。

203

転売に当たって税務上注意すべき点

①相続発生から転売までの期間

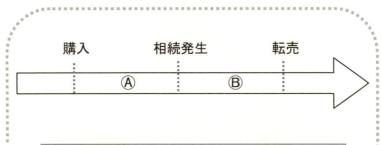

Ⓐの期間	転売までのⒷの期間
短い	税務調査があるまで売却しない
長い	相続後、すぐに売却してもOK

相続がいつ発生するかは誰にも分かりません。したがって**「購入から相続発生までの期間Ⓐ」**を正確に予測することはできないのですが、もしその期間が結果的に非常に短くなった場合には転売の時期は慎重を期す必要があります。

例えば不動産を購入してから3ヵ月後に父親が亡くなったとします。こうした場合、税務署は不動産の購入に関する被相続人の関与について疑いの念を抱きます。

つまり当該不動産は被相続人自らが購入したものではなく相続人が勝手にやったのではないか、そうだとすると当該不動産は相続人のものである、と考えるわけです。

そして、これに関する挙証責任は税務署側にありますので、それを裏付けるべく老人ホームなどから定期的に送られてくる介護状況報告書やカルテなどで判断能力の有無を丹念に調べられることになります。

したがって**購入から比較的短期間に相続が発生した場合には**、税務調査の可能性が高くなりますので調査が終了するまでは転売しないようにすべきです。

こうしたことから**認知症などで判断能力が無くなってしまったら不動産の購入という節税対策は諦めるべき**でしょう。

反対に不動産を購入してからかなりの期間を経過している場合には、転売時期についてはそれほど気にする必要はありません。例えば、購入してから5年経過後に相続が発生したような場合には、相続後すぐに転売してもOKです。

②購入から転売までの期間

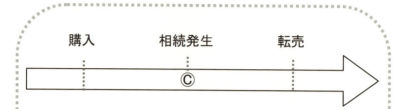

ⓒの期間	譲渡所得税	
5年以内	短期譲渡	39%
5年超	長期譲渡	20%

※正確には譲渡した年の1月1日で5年経過しているかどうかで判定します。したがって実際上は5年以上保有する必要があります。

※別途、復興特別所得税が課税されます。

　次は「**購入から転売までの期間ⓒ**」です。これについては皆さんご存じのように5年経過しているかどうかが重要になってきます。5年超であれば長期譲渡となり20％の課税で済みますが、5年以内であれば短期譲渡として39％も課税されるからです。

　ただし、5年以内であっても譲渡損の場合には課税されませんので売却時期は関係ありません。むしろ**譲渡益が発生する不動産を別に所有しており何らかの理由で売却する予定があるのであれば、一緒に売却する**ことで節税できます。

第7章

最近はやりの法人化対策あれこれ

一口に法人化と言っても様々なやり方があるらしい。自分にとって最適な方法を見つけよう！

法人を使った節税対策には様々なものがありますが、ここでは代表的な6つの方法について解説しておきます。

　従来からあった不動産管理方式と最近増えてきた不動産所有方式に関しては、かなり一般化してきたのでポイントだけ説明し（第1節）、それ以外の4つの方式（第2～5節）を中心に解説しておきたいと思います。

　特に6つ目の「一般社団法人を家族信託の受託者として不動産を管理する方法」（第5節）は大地主さんの資産承継として普及していく予感があります。

　私は今までお客様に対して法人を使った様々な対策を積極的に提案・実行してきましたが、このスキームは将来性を感じるのです。

　いずれにしても、ここで紹介した6つの方法のうちいずれが最適かはお客様のデータを詳細にシミュレーションした上でないと結論は出ません。

　ある方にとってはピッタリだとしても当人にとっては効果がないということはよくあります。ジックリとあせらず検討するようにして下さい。

大地主さんで法人を設立していない関与先は今のところ皆無です。皆様方も是非、一度は検討してみて下さい。

第1節 賃貸物件を法人で管理または所有する方法

　相続税対策としてアパートや賃貸マンションを建てることはよくありますが、**被相続人予定者が高齢の場合には個人が建てないと効果がありません。**

　また15年ほど前は金融機関が法人経営に対して積極的には融資をしなかったので、どうしても個人でしか建てられなかったという事情がありました。

　その結果、ほとんどのケースで個人がアパマンを建てたのですが、個人が建てた場合には徐々に所得税が増えてきて、その支払いに四苦八苦するようになります。

　なぜ所得税が増えるかというと、9ページにも書いておりますが、**減価償却費とか支払利息といった経費が家賃収入の下落以上に減少していくからです。**そして所得税は累進課税なので不動産所得が増えれば、それ以上に増加していくというわけです。

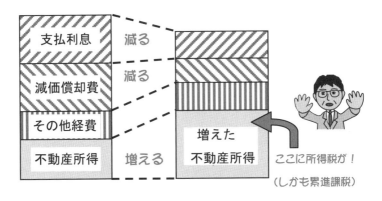

1 不動産管理会社と不動産所有会社の主な相違点

　そこで不動産管理会社を設立して、その会社に管理料を支払うことで節税しようとしたのが**不動産管理方式**と言われるものです。
　ただし、この方式は管理料の多寡をめぐって税務当局から指摘を受けるケースが多く、それほど多くの節税効果をもたらしません。そこで考え出されたのが**不動産所有方式**です。この方式は要するに個人ではなく法人が不動産を所有するというものです。

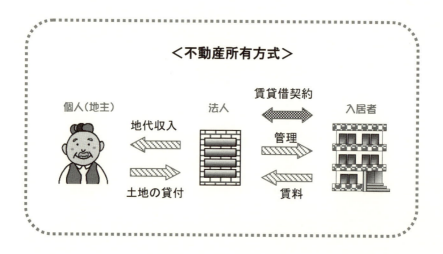

　両者の違いについては次ページにおいて簡単にまとめておきましたので参考にして下さい。
　なお、これらの方式については小著「**家主さん、地主さん、もっと勉強して下さい！**」や「**アパマンも法人経営の時代です！**」で詳しく解説しております。

＜不動産管理方式と不動産所有方式の比較＞

	不動産**管理**方式	不動産**所有**方式
土地所有者個人と法人との取引関係	入居者からもらう家賃は通常、管理会社が徴収し、管理料を差し引いた額を毎月個人オーナーに支払う。	土地は個人から借りるので、その個人に地代を支払うことになる。ただし、土地を第三者から購入するケースでは土地も法人所有となる。
節税効果 所得税	管理料を高くすると税務調査で否認されるので、それほど多くの所得を個人から法人に移転させることはできない。したがって通常の場合、節税効果はあまり高くない。	所得がすべて法人に移転するので（ただし、地代の額で調整することは可能）、所得の少ない人を法人の代表者に就任させ、役員給与を支払うことにより、かなりの節税効果が得られる場合がある。
節税効果 相続税	比較的高齢の方が相続税対策でアパートを建てるケースではその人自身が建築主となる必要がある。したがって、その場合には不動産管理方式にならざるを得ない。	相続人が法人の役員になるケースでは、手取り収入が相続人に帰属するので、相続税の課税対象が増えることはない。また、手取り収入を残しておけば相続税の納税資金となる。
法人の必要資金の大小	通常はそれほど資金を必要としないので、金融機関から借金することはあまりない。	不動産の購入資金として、自己資金（資本金）ないし借入金（個人または銀行）が必要。 なお、銀行から借りる場合は金融機関によって最低1年間の取引実績が必要なところもある。また申し込み時点で法人を設立しておく必要がある。
税務調査での否認の可能性の大小	管理料が高過ぎるとして税務否認を受ける場合がある。	通常の場合、税務否認されることはない。ただし、「無償返還に関する届出書」は必ず提出しておく必要がある。

ご覧いただければお分かりのように、両者はかなり異なります。この中で特に注目していただきたいのは「税務調査での否認の可能性の大小」についてです。

不動産管理会社の場合は税務否認を受けるケースが意外と多いのですが、不動産所有会社の場合はそういったことはほとんどありません。その理由は労働の対価性にあります。

不動産管理会社の場合は管理という労働の対価として管理料を授受するわけですが、税務署はこの管理料が高いということで適正管理料との差額を否認するケースが多々あるのです。

一方、<u>不動産所有会社の場合は自分自身が不動産を所有するわけですから、そもそも労働という行為が存在しませんので否認のしようがない</u>のです。

よく、家賃収入というのは不労所得であると言われますが、正にそういうことなのです。所有しているだけで収入が発生するわけですから、税務署もお手上げということです。

② 所得分散効果の比較

このように税務調査での否認の可能性という観点からも不動産所有会社のほうが有利なのですが、<u>所得分散効果の点からも不動産所有会社のほうに軍配が挙がります</u>。次の計算例をご覧下さい。

＜計算の前提条件＞

- 管理料：2,000万円（家賃収入）×15％＝300万円
- 地　代：50万円（土地の固定資産税）×3倍＝150万円
- 建物の売買代金：帳簿価額を売買価格とし、一定年数で按分した額を法人が個人に支払うことになる。

※下記の計算例では複雑になるため無視しています。

			不動産**管理**会社	不動産**所有**会社
個人	収入		2,000万円（家賃）	150万円（地代）
個人	経費	管理料	300万円	—
個人	経費	土地の固定資産税	50万円	50万円
個人	経費	建物の固定資産税	40万円	—
個人	経費	その他の経費	410万円（※）	—
個人	経費	合計	800万円	50万円
個人	所得		1,200万円	100万円
法人	収入		300万円（管理料）	2,000万円（家賃）
法人	経費	給与	240万円	1,200万円
法人	経費	建物の固定資産税	—	40万円
法人	経費	支払地代	—	150万円
法人	経費	その他の経費	50万円（※）	460万円（※）
法人	経費	合計	290万円	1,850万円
法人	所得		10万円	150万円

（※）不動産所有会社の「その他の経費 460万円（法人）」は不動産管理会社の個人の「その他の経費 410万円」と法人の「その他の経費 50万円」との合計。

以下、簡単に解説しておきます。まず不動産管理会社とか不動産所有会社を設立する前の状況からご説明します。

法人を設立する前ということですから個人の所得だけとなりますが、これについては不動産管理会社の個人の所得欄をご覧下さい。

そこに記載されている所得は1,200万円となっていますが、これは管理料を控除した後の金額ですから、控除する前の所得は1,500万円ということになります。これが法人を設立する前の所得です。

ところで比較的新しい物件の場合には減価償却費とか支払利息がありますが、この事例では古い物件を想定しておりますので償却も借入金の返済も終了しているという前提です。

つまり償却も借入金の返済も終了して不動産所得が多くなっている状態の個人オーナーが

 あるいは

を設立したら、どれだけ所得が分散できるのかという事例です。

まず不動産**管理**会社ですが、

管理料を300万円支払いますと、この個人オーナーの所得は1,200万円に減額されます。

一方、法人のほうは個人からもらう管理料300万円が収入となり、そこから役員（個人オーナーとは別の家族）に対して給料を240万円、その他経費として50万円を支払ったとすると差引所得は10万円ということになります。

次に**不動産所有会社**ですが、

建物を法人に売却しますので家賃収入2,000万円はすべて法人に帰属することになります。つまり個人から法人に移るということです。

一方、地代として固定資産税の3倍である150万円を法人が個人に支払いますので、それだけは個人の収入となります。

そして、土地の固定資産税50万円は個人が従来どおり支払いますので、個人の所得は差し引き100万円ということになるわけです。

一方の法人ですが、この事例では家賃収入2,000万円から役員（個人オーナーとは別の家族）に対して給料を1,200万円、建物の固定資産税として40万円、支払地代として150万円、その他の経費として460万円を支払っていますので、差引150万円が法人の所得になります。

いかがですか？

不動産管理会社の場合は対策後でも個人オーナーの所得は1,200万円あるのですが、不動産所有会社の場合には100万円しか残っていません。

所得が移転

所得が移転する仕組みを理解していただくために極端な事例を設けたのですが、実際は個々のケースに応じて適宜判断します。

また、この事例では不動産所有会社のほうが節税面で圧倒的に有利なようになっていますが、実務上は管理会社のほうが良い場合もありますし、管理会社と所有会社の両方を設立する場合もあります。
　要するに個々のケースに応じて適宜取捨選択することになるということです。

　なお、不動産所有会社を設立すれば税務否認を受けずにかなりの所得分散を図ることが可能ですが、それはあくまで税務上問題なく行なわれたということを前提にしています。
　建物の売買価格とか地代、あるいは役員給与等の設定を間違えますと、それほど効果がなかったり、思わぬ税金がかかったりする場合もあります。
　つまり、これらの対策は病気であれば大手術するにも等しいので、実行する場合には必ず資産税に詳しい会計事務所に依頼するようにして下さい。

薬を飲むだけじゃダメよ！

第2節 法人化と相続税の納税資金の準備を同時に達成する方法

 父親が直接、法人に売却すると増税になってしまう！

　所得税対策として父親が所有する収益不動産を同族法人に売却しますと、しばらくは個人所有の時よりも相続税が増加します。

　その理由は法人に建物を時価（簿価）で売却すると相続財産が逆に増えるからです。以下、具体例を挙げてご説明します。次の**「売却前後の相続財産評価額」**をご覧下さい。

＜売却前後の相続財産評価額＞

売却前　建物の相続税評価額

　　　　　　固定資産税評価額　　　借家権割合
　　　＝　5,000万円　×　（1－30％）
　　　＝　3,500万円

売却後　現金（または長期未収入金）
　　　＝　1億円

　建物を法人に売却するまでは個人が所有していたわけですから、この表にあるとおり3,500万円で評価されます。

ところが建物を時価(簿価…1億円)で法人に売却しますと、売却代金1億円が父親個人の相続財産となります(一括払いのときは現金、分割払いのときは長期未収入金)。つまり法人に売却することで6,500万円も相続財産が増えるのです。

　確かに所得税は安くなるのでしょうが、一方で相続税が増税になりトータルとしての税金が増えたので元も子もありません。

　簡単な事例で損得計算してみましょう。例えば5年後に相続が発生したとします。1年間の所得税の節税額を300万円とすると5年間で1,500万円。一方で相続税が2,500万円アップしたとしたら差引1,000万円の増税です。これでは何のための法人化か分からなくなります。

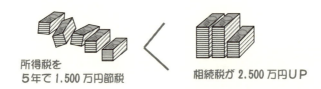

❷ いったん子供に贈与した後、法人に売却する

　このように法人化しますと、しばらくは増税になりますので高齢の方の相続税対策としては不向きです。

　こうした場合には父親が直接不動産を法人に売却するのではなく、いったん子供に贈与した後、子供が法人に売却します。以下、このスキームについて順番に解説しておきます。

ステップ1　相続時精算課税制度を使って建物を子供に贈与する

　この事例のように建物の相続税評価額が比較的高額な場合には暦年課税による贈与ではなく相続時精算課税制度を使って一気に贈与します。

　相続時精算課税制度では特別控除額である 2,500 万円を超える額について一律 20％の贈与税がかかりますが、支払った贈与税は贈与が無かったものとして計算した相続税の額から控除されます。

> **贈与税**
>
> 　　　　　相続税評価額　　特別控除額　　　税率
> ＝（ 3,500 万円 － 2,500 万円 ）× 20％
> ＝　200 万円
>
> ※この贈与税 200 万円はいったん支払いますが、相続税の額から控除されます。

ステップ2　建物を子供が時価で法人に売却する

　子供の所有になった建物は少しの猶予期間を設けた後（一度は確定申告したほうがいいでしょう）、同族法人を設立して時価（簿価）で売却します。

　この場合、贈与で貰った建物については贈与者である父親の取得費を引き継ぎますので譲渡所得は発生しません。つまり譲渡所得税がかからず法人に売却できるということです。

譲渡所得税がかからない

譲渡所得

譲渡収入金額　取得費
= 1億円 − 1億円
= 0円

※譲渡所得が発生しないため譲渡所得税はかかりません。

※子供は不動産賃貸業をやっていないという前提です。もし収益不動産を所有している場合には消費税について検討しておく必要があります。

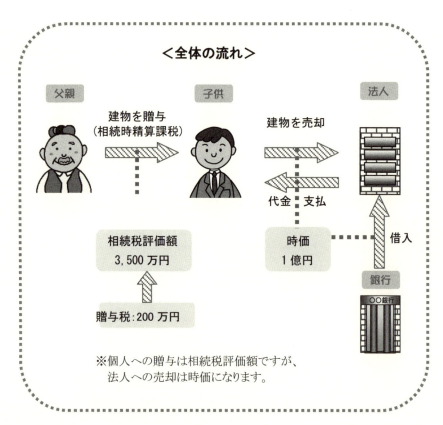

＜売買代金の決済方法＞

一括で支払う方法	法人が金融機関から借り入れた資金を基に一括で支払う方法です。この場合には売買代金1億円が子供の資金となります。相続時精算課税制度を使って父親からタダで貰った建物が1億円の現金に化けたというわけです。相続税の納税資金などに使えます。
分割で支払う方法	法人の資金繰りを勘案しながら、例えば20年とか30年で少しずつ支払っていきます。この場合には分割代金が徐々に子供の資金として蓄積されます。

　このスキームは建築費としての借入金が残っていないという前提です。<u>残っている場合で借入金と一緒に贈与しますと負担付贈与に該当し、時価課税を受けてしまいます</u>(負担付贈与については次ページ参照)。

　したがって、そうした場合には借入金を一括返済した上で実施するか、借入金の返済が終了するまで実施を延期する必要がありますのでご注意下さい。

負担付贈与に…

第3節 法人を使って負担付贈与と同じことを実現する方法

1 バブル時代に流行した負担付贈与とは？

　皆様方は負担付贈与という言葉を聞かれたことがあるでしょうか？要するに借入金と一緒に不動産を贈与する手法のことです。

　ご承知のように不動産の相続税評価額は時価とかなり乖離しています。例えば時価を100としますと相続税評価額は50といった感じです（区分所有マンションなどは時価の20％から25％程度）。

　それでも資産だけを贈与する場合には贈与税の洗礼を受けるので自ずと歯止めがかかるのですが、借入金と併せて贈与すると莫大な額の財産を無税で贈与できてしまうのです。

　例えば自己資金10億円と借入金10億円で20億円の不動産を購入した場合、不動産の相続税評価額は10億円ほどになります。そして、この不動産と借入金を一緒に贈与すれば贈与税はゼロになるのです。なぜかと言えば、この場合の贈与税の課税価格は資産10億円から負債10億円を差し引いてゼロとなるからです。

相続税評価額10億円
＋

借入金10億円

一緒に贈与すれば贈与税はゼロに！

こうした節税手法がバブル時代に流行したため、それを取り締まるべく負担付贈与通達が出されたのです。要するに**借入金と一緒に不動産を贈与した場合には、相続税評価額ではなく時価により課税価格を計算する**ことになりました。

❷ 法人を使った負担付贈与の仕組み

こうしたことから負担付贈与は事実上お蔵入りになったのですが、法人を絡めると今でも同じようなことができます。次の**「法人を使った節税スキーム」**をご覧下さい。この手法の大まかなステップが図示されています。以下、簡単に解説しておきます。

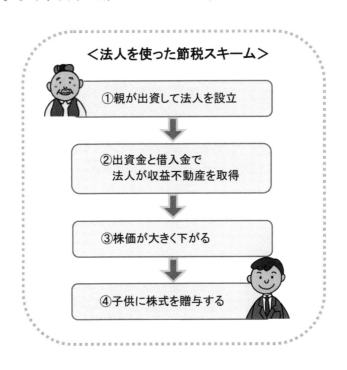

＜法人を使った節税スキーム＞
① 親が出資して法人を設立
② 出資金と借入金で法人が収益不動産を取得
③ 株価が大きく下がる
④ 子供に株式を贈与する

まず「①親が出資して法人を設立」します。ここでは仮に出資金を2億円としておきます。法人が設立できたら次に「②出資金と借入金で法人が収益不動産を取得」します。

「取得」ということなので中古のアパマンを購入しても、土地を購入した上でアパマンを建設しても、いずれでもOKです。あまり時間的余裕がない場合には中古のアパマン購入をお勧めします。取りあえず、ここでは出資金2億円と借入金3億円で5億円分の区分所有マンションを複数戸購入するものとします。

ところで収益不動産の相続税評価額は物件の所在場所とか築年数、建物の階数にもよりますが、だいたい時価の20％〜25％です。したがって時価が5億円の物件であれば約1億円（20％の場合）となります。

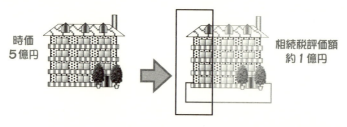

そうしますと法人の所有する資産は1億円、負債は3億円ですから、資産から負債を差し引いた純資産は明らかにマイナスです。

純資産がマイナスの法人の株式というのは評価がゼロになりますから、上記スキームでいえば「③株価が大きく下がる」ことで、「④子供に株式を贈与」しても贈与税がかからないというわけです。

いかがですか？　実質的に負担付贈与と同じことができました。<u>ただし、法人の場合、購入後3年間は通常の取引時価で評価することになっていますので、3年経過後に株式を相続人に贈与する必要があります。</u>

第7章　最近はやりの法人化対策あれこれ

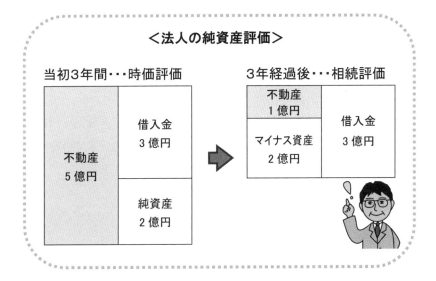

③ 金融資産のままでは多額の相続税が！

　以上は金融資産が2億円あるという前提ですが、これほどの金融資産を保有している人はそれほど多くはいません。ところが何らかの理由で所有している不動産を売却することはあります。

　そうした場合、多額の金融資産を手にすることになりますが、その状態で相続を迎えますと莫大な相続税がかかってしまいます。

　ご承知のように金融資産は何の評価減にもならないからです。これでは不動産を手放すことによって得られた資金が譲渡所得税と相続税で消えてしまうことにもなりかねません。

そこで通常は何らかの節税対策を実行するわけですが、相続税対策の王道である暦年贈与はどうしても時間がかかってしまいます。ところが今回ご紹介しました方法を実行しますと、それほどの時間を要せず大幅に相続税を安くできます。

　立地条件のあまりよくない土地であるとか貸地を大量に所有しているのであれば、それらを処分した上で資産の組み換えと次世代への資産承継を同時に達成できるこの方法はお勧めです。

第7章　最近はやりの法人化対策あれこれ

第4節 封じ込められた消費税還付スキームに対応する方法

1 本来は還付請求できないアパマンの消費税

消費税というのは本来、売上に係る消費税から仕入に係る消費税を差し引いた額を納税します。もし仕入に係る消費税のほうが多い場合には差額を還付してもらえることになっています。

ところでアパマンの家賃は消費税が非課税なので申告する必要はありません。売上に係る消費税がゼロなので申告する必要がないということですが、

還付が受けられない

申告しないということは逆に還付も受けられないということです。

これでは**アパマン新築時に課税された多額の消費税を永久に取り戻すことができません。**もちろん支払った消費税は減価償却費として損金には計上できますが、それによる所得税等の節税額と消費税の額ではかなりの差があります。

例えば建築費が2億円の場合の消費税は1,600万円ですが、所得税等の節税額は所得の額にもよりますが480万円程度です（実効税率が30％の場合）。差額の1,120万円ほどは払い損ということになります。

| 消費税
1,600万円 | 1,120万円　払い損 |
| | 480万円　所得税等の節税額 |

② 今や懐かしい自販機設置作戦

　このように多額の消費税を払いながら還付請求できないのでは面白くないということで考え出されたのが、皆様ご存じの自動販売機を設置するやり方です。要するに課税事業者になるために自販機を設置し課税売上を無理やり作るというスキームです。

　少し考えれば分かることですが、自販機による収入は本当に微々たるものです。例えばジュース1本が100円でマージン率を20％とすると粗利は20円です。

　これでは1日に20本(月に600本)売れたとしても月額で12,000円にしかなりません。一方の課税仕入れである建築費は数千万円から数億円ですから、バランスがかなり悪いと言えます。

　したがって、こうしたやり方に疑問の声を上げる専門家もいますが、できるのにやらないというのは私のポリシーに反するのでそれなりの件数はこなしました。

　残念ながらこの方法もその後の税制改正でできなくなったのですが、世の中には抜け道を探すことに執念を燃やす人がいます。内容は省略しますが、苦労して考え出されたグッド・アイディアも今年の税制改正でジ・エンドとなりました。以下、その改正内容を簡単に紹介しておきます。

３ 改正により封じ込まれた消費税還付の仕組み

　消費税法上、不動産を取得した期間の課税売上割合(総売上高に占める課税売上高の割合)が、その後３年間の通算課税売上割合と比較して著しく変動した場合(著しくとは 50％以上です)、３年目の課税期間において再計算することになっています。

　したがって、例えば還付を受ける事業年度で故意に課税売上割合を高くして多額の消費税の還付を受けても、その後の課税期間では非課税の家賃収入が計上される結果、３年間の課税売上割合が著しく小さくなり、せっかく還付を受けた消費税を返還しなければなりません。

　ところが、これまでは還付を受けた後の事業年度において免税事業者の届け出をすることでこうした調整計算をしないで済ませるようにしていたのです。

　こうした状況下、**平成 28 年度の税制改正により不動産を取得して消費税の還付を受けた場合、その後２年間は免税事業者や簡易課税事業者に戻れなくなったのです。**つまり３年間は原則課税方式を強制されることになったというわけです。

　直接的には特別目的会社(ＳＰＣ)が行なっていた大規模な消費税の節税スキームを取り締まることにあったようですが、いずれにしてもこのままでは３年目に消費税を返還しなければならなくなりました。

4 改正による歯止め措置への対応策

　このようにアパマン経営者はいったん還付を受けた消費税を3年後に返還せざるを得なくなったのですが、対応策がないわけではありません。

　というのは3年間の通算課税売上割合が50％以上変動した場合に初めて調整計算させられるわけですから、消費税の還付を受けた後の事業年度において非課税売上となるアパマンの家賃収入よりも若干多い課税売上を計上できるような何らかの事業を始めればいいのです。

何かの副業を！

　例えば、コインランドリーの経営、修繕工事の取次、金の売買などが考えられます。また、これら以外にも何らかの副業を始めるというのもアリだと思います。ご自分でできそうな事業を考えてみて下さい。

第7章　最近はやりの法人化対策あれこれ

第5節　一般社団法人を家族信託の受託者として不動産を管理する方法

法人を家族信託の受託者にしたほうが良い理由

　75 ページで解説したように家族信託というのは委託者が受託者に財産の管理や処分を委託することですが、個人が受託者の場合には委託者よりも先に亡くなる可能性があります。

受託者が先に…

　もし途中で受託者が先に亡くなった場合、家族信託の契約はどうなるのでしょうか？これについては**受託者が死亡しても信託は終了せず、新しい受託者を選任しなければならない**ことになっています。

　もちろん、そうした事態を想定して家族信託の契約書に次の受託者を決めておくこともできますが、次の受託者として予定していた方が先に亡くなるということも現実としてはあり得るのです。

　このように自然人である個人は時期は別にしても必ず亡くなるという現実から逃れることはできません。したがって家族信託に関しても当初の契約通りに遂行できるとは限らないのです。

　ところが信託の受託者を法人にしておけばどうでしょうか？　法人というのは何らかの理由で解散することはあっても自然人のような死亡ということは絶対にありません。

231

したがって自然人である個人が受託者になるよりも法人が受託者になるほうが、信託契約を完遂できる確率が格段にアップするのです。

<受託者が個人の場合と法人の場合の決定的違い>

個人	途中で死亡する可能性あり ⇨ 当初の契約通りに完遂できないことがある。
法人	死亡するということはない ⇨ 当初の契約通りに完遂できる可能性が高い。

❷ 様々ある法人の種類と特徴

このように法人を受託者とするほうがいいとしても法人にはいくつかの種類があります。次の「**法人の種類と特徴**」をご覧下さい。ここでは一般的な株式会社、合同会社、一般社団法人の3つを比較しています。以下、項目毎にポイントを解説しておきます。

<法人の種類と特徴>

項　目	株式会社	合同会社	一般社団法人
①資本金	1円以上	1円以上	―
②社員の数	1人以上	1人以上	2人以上
③役員の名称 および最低数	取締役 1人以上	社員 1人以上	理事 1人以上
④配当の可否	OK	OK	×

まず「①資本金」ですが、株式会社と合同会社は1円以上となっています。このように法律上は最低1円で設立できますが、会社を設立する場合には登録免許税とか定款認証代などの費用がかかりますので、実際上は最低数十万円は必要になります。

一方、一般社団法人の場合には「—」となっています。これは資本金がないということです。資本金がないということは出資しないということですが、出資しないで法人が設立できるなんて不思議ですね。

出資ではなく「基金」

出資がないと様々な経費はどうやって支払うのかという疑問が生ずると思いますが、これについては「基金」という制度が用意されています。「基金」という言葉はたまに耳にすると思いますが、資本金とは異なり、いずれ返済しなければならないものです。

いずれにしても**一般社団法人の場合には出資という制度がないということが一番の特徴です**。

次に「②社員の数」ですが、株式会社と合同会社は1人以上、一般社団法人の場合には2人以上必要です(設立後は1人でもOK)。

ところで皆様方は「社員」というとどのような人を想像されますか？ こういったことを勉強したことがない方は「会社員」と同じ意味だと考えるかも知れません。

社員？
会社員？

でもおかしいですよね。「会社を設立する場合には1人以上の会社員を雇う必要がある」、なんて法律があったら笑ってしまいます。

実はこの社員の意味は法人の種類によって違っているのです。また経営者である役員の名称も法人の種類によって違います。次の**「法人の種類によって異なる出資者と役員（経営者）の呼称」**をご覧下さい。

＜法人の種類によって異なる出資者と役員（経営者）の呼称＞

	株式会社	合同会社	一般社団法人
出資者	社員	社員	―
役員（経営者）	取締役	社員	理事

　まず株式会社ですが、この場合の社員は出資者のことを指します。要するに株主のことです。そして役員は皆さんご存じの通り取締役と言います。
　一方、合同会社の場合には出資者も役員（経営者）もいずれも社員と言います。したがって合同会社の場合、名刺には「社員」あるいは「代表社員」と表示することになります。

　株式会社の場合には「所有と経営の分離」という考えがベースになっていますので、出資者である「社員」と経営のプロである「取締役」とを厳密に分けているのです。
　一方、合同会社の場合には同族経営が前提ですから「所有と経営を一致」させるため出資者と経営者を同じ呼称である「社員」に統一しているのでしょう。

そして一般社団法人の場合は出資者がいませんので「―」となっていますが、この場合の役員（経営者）は理事と言います。

ところで上述したように一般社団法人の場合、設立時点では最低2人以上の社員が必要ということでした。そして一般社団法人の場合には社員でも出資はしません。

それではこの場合の社員は何をする人なのでしょうか？

一般社団法人には「社団」という言葉が付いています。「社団」とは「社員」が集まった「団体」ということです。

要するに一般社団法人の場合の社員は株式会社の株主と同じく出資者ではないが経営における重要事項を取り決める立場にあり、実際の業務執行は理事が行なうというわけです。

それでは次に「③役員の名称および最低数」の欄をご覧下さい。いずれも呼称は違いますが、それぞれ1人以上の役員（経営者）が必要です。当然ですね。経営者がいなければ会社は成り立ちません。

そして最後の「④配当の可否」ですが、営利法人である株式会社や合同会社は利益剰余金の範囲内であれば出資者に配当できます（厳密には配当可能利益というものが決められており、その範囲内であればOKだということです）。

ところが一般社団法人の場合には、そもそも出資者がいないわけですから配当しようにもできません。したがって**配当を期待するのであれば一般社団法人は不向きだと言えます。**

これら以外にもいくつかの違いがありますが、論点からズレるのでこれ以上の説明は省略します。

③ 法人の中では一般社団法人がお勧め

　このように法人の種類によっていくつか特徴があるのですが、家族信託の受託者としてはいずれの法人形態が望ましいのでしょうか？
　人によって若干考え方が異なるかも知れませんが、私は一般社団法人をお勧めしています。その理由は大きく分けて２つあります。

＜家族信託の受託者として一般社団法人をお勧めする理由＞

①法人に留保された財産が相続税の課税対象から除かれる

②もともと出資持分がないので相続でモメルことが少ない

　まず「①法人に留保された財産が相続税の課税対象から除かれる」という点ですが、これは一般社団法人には出資者がいないことから来る当然の帰結です。
　株式会社や合同会社の場合には株式または出資という有価証券を通して法人の有する財産が相続財産になるわけですが、一般社団法人の場合にはそもそも出資ということがないわけですから有価証券そのものが存在しません。
　したがって、いくら法人に内部留保が蓄積しても、それらを相続財産として取り込む手段がないのです。これでは不公平ではないかということで様々な研究がなされてはいるようですが、現状ではそれを覆すに至っておりません。

```
株式会社、合同会社  … 有価証券あり → 相続財産になる

一般社団法人  ……… 有価証券なし → 相続財産にならない
```

以上は内部留保（少しずつ法人に蓄積してきた税引後の利益）に関するものですが、個人の所有する不動産を法人に売却した場合、相続財産はどのようになるのでしょうか？

例えば収益性の高いアパート（建物のみ）を法人に売却するといったケースです。これに関しては、法人の種類に関係なく譲渡代金が相続財産になります。

分割払いの場合にはアパートという不動産が長期未収入金という債権に変身しますし、一括払いの場合には現金という財産が増えることになるからです。

このように<u>一般社団法人だからといって、いきなりアパートという財産が相続税の課税対象から除かれるわけではありません。</u>

なお、ここでは説明しませんが<u>法人に財産を贈与したり低い価格で売却しますと様々な税金がかかりますのでご注意下さい。</u>

次に「②もともと出資持分がないので相続でモメルことが少ない」という点ですが、株式会社や合同会社の場合には株式とか出資をどのように遺産分割するかで一苦労します。

こうした場合、取りあえず同じような株数で分割するケースが多いのですが、これが争いのタネになります。

ところが一般社団法人の場合にはそもそも分けるモノがありません。それでは法人の社員が亡くなったら、いったい誰がどのようにその地位を相続することになるのでしょうか？

実は一般社団法人の社員が亡くなった場合には退社することになっています。**死亡と共に、その地位が消滅するのです。**つまり一身専属権のようなものだとお考え下さい。

亡くなると退社

そして社員がゼロになりますと法人を解散する必要がありますので、できれば社員は2人以上が望ましいと言えます。

また業務執行者である理事が亡くなった場合には社員総会を開いて新しい理事を選任することになりますので理事については1人でもOKです。

4 一般社団法人を運営するに当たっての注意点

以上、2つの理由で家族信託の受託者は法人なら一般社団法人を推奨していますが、**一般社団法人の場合には先述したように剰余金とか残余財産の分配は一切できません。**出資者がいないのですから当然です。

これでは法人に留保した資金を個人の手に取り戻すことができなくなるのか心配になると思いますが、役員給与を支給したり退職金を支払うことは自由なのでご心配なく！

役員給与

退職金

第8章

共有不動産、こうして解消しなさい！

ワシの不動産も共有になっている。いろいろと解決方法が載ってるらしいので、シッカリと勉強しよう！

私の事務所は不動産オーナーの経営サポートに特化しておりますので、様々なオーナーの方の事例に出くわします。

　この章では不動産の共有に焦点を当て、共有のメリット・デメリット、共有を単有にする具体的方法についてご紹介します。

　これらの中には実際にお客様の課題を解決するために私自身が考え出したものも含まれています。

　ここでご紹介した方法が皆様方の問題解決のヒントになれれば幸いです。

ジックリ読んで共有問題の解決に役立てて下さい。

第1節 意外と多い不動産の共有

1 なぜ、共有が多いのか？

　どんな本を読んでもネットで検索しても不動産の共有に対しては否定的に書かれていますし、また専門家も同じことを言います。その理由は共有状態であれば単独で処分ができないからです。

　例えば、共有者であるAさんは資金繰りの関係から所有している物件を売却したいと思っても別の共有者であるBさんが反対だと売却できません。

　このようなことは常識としてほとんどの方はご存じなのですが、イザ蓋を開けてみると共有になっている不動産が何と多いことか、正直驚くばかりです。

　このようにデメリットとしか想定できない不動産の共有なのに、どうして世に溢れているのでしょうか？

　それは不動産の場合、均等に遺産分割するのが難しいからだと思います。したがって取りあえず今回は共有にしておこうということになるのでしょう。要するに問題の先延ばしです。

戦前のように長子相続が一般的な時代であれば特に問題とならない不動産の相続が、平等思想を旨とする民法の改正により難しい課題として突き付けられたのです。

　このように相続時点で共有になるケースだけでなく、不動産を贈与することで共有状態になることもあります。

　例えば、配偶者に対する居住用不動産の贈与特例では非課税枠が2,000万円(正確には暦年課税の110万円の基礎控除と併せて2,110万円)なので、不動産の評価額がそれ以上の場合、贈与時点ではどうしても夫婦で共有状態になります。

配偶者に対する居住用不動産の贈与特例の非課税枠 ： 2,000万円

暦年課税の基礎控除 ： 110万円

夫婦で共有状態

　また生前での遺産分割として、あるいは所得税対策としてアパート等の収益物件を相続人に贈与するケースでは一遍に贈与するとどうしても贈与税が多額になることが多いので少しずつ贈与するわけですが、そうすると暫くは共有状態が続くことになります。

　以上は相続とか贈与で相続人に不動産が移転する場合に発生する共有のケースですが、マイホームを取得する場合にもよく見かけます。というのは資金の関係から親から援助を受けることが多いのですが、住宅取得資金の贈与特例を超えた資金援助の場合には、その超えた部分については贈与した人の持分として登記しないと税務上、マズイことになるので、ここでも共有になりますし、夫婦でマイホームを共有にするというのは通常よくあることだからです。

＜不動産が共有になるキッカケ＞

相続時 … 取りあえず共有にしておくケース

贈与時 … 持分贈与の関係から共有になるケース
　○居住用不動産の贈与特例を使って配偶者に贈与するケース
　○アパート等の収益物件を少しずつ相続人に贈与するケース

マイホーム取得時
　○住宅取得のための資金を親が援助するケース

　○夫婦それぞれが一定の割合で持分登記するケース

2 共有のメリット

共有は「共憂」

共有というと「共憂」だとして反射的にデメリットばかり主張する人が多いのですが、共有状態のほうが税務上、あるいは経済上メリットが大きいケースもあります。ここではそうした共有がメリットになるケースを二つほど紹介しておきます。

共有がメリットになるケース① 広大地評価を適用するケース

広大地とは158ページ以降で詳しく解説しているとおり、その地域における標準的な宅地の面積と比較して著しく広大な土地のことを指します。

具体的には市街化区域の土地で面積が三大都市圏の場合には500㎡以上、それ以外の地域は1,000㎡以上であれば税務上の広大地に該当することになります。

そして広大地に該当すれば、その土地は下記のような計算式に当てはめて計算します。

＜メリットの大きい広大地評価＞

広大地の評価額 ＝ 正面路線価 × 広大地補正率(※) × 面積

$$※広大地補正率 = 0.6 - 0.05 \times \frac{面積}{1,000㎡}$$

第8章 共有不動産、こうして解消しなさい！

　要するに正面路線価に広大地補正率を掛けて計算するわけですが、この補正率は土地の面積に応じて変わってきます。そこで土地の面積別に広大地補正率を計算したものを**図表9**に掲載しておきましたのでご覧下さい。

図表9

＜面積別広大地補正率の計算例＞

面　積	広大地補正率
1,000 ㎡	0.55
2,000 ㎡	0.50
3,000 ㎡	0.45
4,000 ㎡	0.40
5,000 ㎡	0.35

※広大地補正率の下限は 0.35

　例えば、土地の面積が1,000㎡で路線価が10万円だとしたら次のように広大地評価額は5,500万円となります。広大地評価を適用しない場合には1億円にもなる土地が5,500万円で評価されるのです。実に45％の減額です。

10万円 × 0.55 × 1,000㎡ ＝ 5,500万円

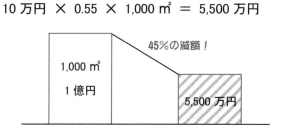

245

このように広大地に該当すればかなりの評価減になりますので、適用できるのであればできるだけ活用すべきです。

したがって、下記の図表10のように共有のままであれば広大地評価が適用できる土地の場合には、<u>敢えて分筆登記しないで共有で相続登記し、相続後に共有物分割等により単独所有にしたほうがいい</u>のです。

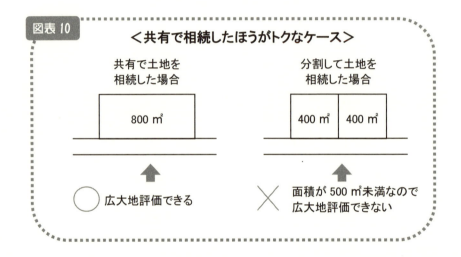

共有がメリットになるケース② 相続後に売却するケース

共有がメリットになる、もう一つのケースは相続後に売却を予定している場合です。

単独所有の場合にはそれぞれが勝手に処分できますが、共有の場合には勝手に処分できません。

したがって、例えば**相続後に売却を予定している不動産がある場合には分割しないで共有で相続するのです。**そうすれば各人が勝手に処分することを防止できます。

勝手に処分できない

土地の広さとか形にもよりますが、まとまった土地のほうが様々な活用方法を考えられるので全体として高く売却できる可能性があります。

例えば、マンション分譲に適した土地の場合には通常は広い土地のほうが好まれますから、共有にして勝手に処分できなくしておいたほうがいいでしょう。

このようにケースによっては共有のほうが税務上、あるいは経済上、メリットが大きいことがありますので、遺産分割に当たってはよく検討してから実行すべきです。

第2節 共有を単有にする具体的方法

　前述したように不動産の共有というのは実際上、よくあるのですが、ここでは共有を単有にする具体的方法について2つほど事例を設けて解説しておきたいと思います。

1 税務上の「交換」の特例を使って単有にする方法

　まず最初が税務上の「交換」の特例を使って単有にする方法です。これについては最近、実際に経験した事例を基に解説することとします。

　図表11をご覧下さい。A土地とB土地は姉妹でそれぞれ2分の1ずつの共有です。そしてA土地には姉の自宅が建っており、一方のB土地には妹の自宅が建っているという事例です。

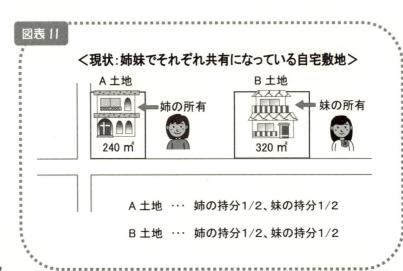

図表11

このような共有の土地はたまに見かけますが、この状態で相続が発生したらどうなるでしょうか？　権利関係がますます複雑になっていくというマイナス面以外に、相続税で大きく損をすることになります。

どういうことかといいますと、このままでは小規模宅地としての評価減が本来の半分しか適用できないということです。ご存じのように自宅の敷地については 330 ㎡まで 80％も評価減になるのですが、それはあくまで自宅が建っている土地だけに適用されるものです。

したがって、このケースではＡ土地については姉の相続時に 240 ㎡の２分の１である 120 ㎡しか適用できませんし、Ｂ土地についても妹の相続時に 320 ㎡の２分の１である 160 ㎡しか適用できないのです。

せっかく 80％も評価減してくれるというのに、みすみす適用できる面積を少なくしているということです。

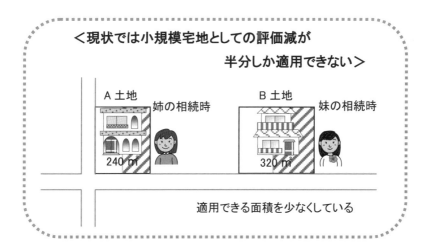

それではどうすればいいのでしょうか？　こういうときに威力を発揮するのが税務上の「交換」特例です。この特例は、次ページに示したように<u>「交換の特例の適用要件」（６項目）を全て満たした交換の場合には譲渡所得税を課税しない</u>というものです。

なお交換差額があるのに交換差金を授受しない場合には差額が贈与税の課税対象となりますので、何らかの調整が必要となります。私がやったケースでは一方の土地が分筆されていなかったので、価値がほぼ等しくなるように分筆登記した上で実行しました。

＜交換の特例の適用要件＞

① 交換により譲渡する資産および取得する資産は、いずれも固定資産であること

② 交換により譲渡する資産および取得する資産は、いずれも土地と土地、建物と建物のように互いに同じ種類の資産であること

③ 交換により譲渡する資産は、1年以上所有していたものであること

④ 交換により取得する資産は、交換の相手が1年以上所有していたものであり、かつ交換のために取得したものでないこと

⑤ 交換により取得する資産を、譲渡する資産の交換直前の用途と同じ用途に使用すること

⑥ 交換により譲渡する資産の時価と取得する資産の時価との差額が、これらの時価のうちいずれか高い方の価額の 20％以内であること

　それでは事例に戻りましょう。次ページの**図表 12** をご覧下さい。A土地、B土地とも2分の1ずつの共有だったものが、それぞれ単独所有になったことを表しています。

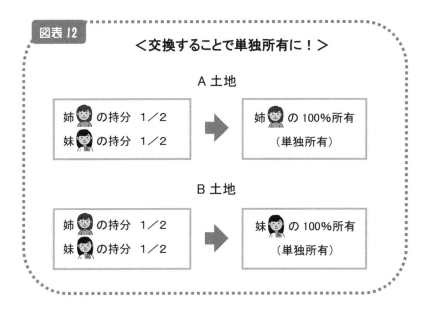

こうしておけば**図表13**にあるように小規模宅地としての評価減が現状と比較してそれぞれ2倍の240㎡、320㎡適用できるというわけです。

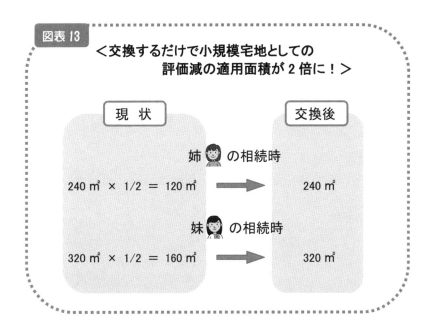

この節税効果は意外と大きいのです。次の**図表14**をご覧下さい。これはA土地、B土地とも評価額を6,000万円とした場合の相続税の節税効果を計算したものです。税率は他の財産の所有状況に応じてかなり違ってきますが、ここでは30%として計算しました。

図表14

＜自宅敷地を交換するだけで1,440万円も節税に！＞

の相続

○交換前の評価額

A土地	姉の所有分 6,000万円×1/2(持分)	＝	3,000万円
	小規模宅地の評価減(80%)	→	△2,400万円
			600万円
B土地	姉の所有分 6,000万円×1/2(持分)	＝	3,000万円
		合計	3,600万円

○交換後の評価額

A土地	姉の所有分 6,000万円×1/1(持分)	＝	6,000万円
	小規模宅地の評価減(80%)	→	△4,800万円
			1,200万円
B土地	姉の所有分 … なし		0万円
		合計	1,200万円

○相続税の節税額

（3,600万円－1,200万円）× 30%（相続税率） ＝ 720万円

の相続

　　　同上 ……………… 720万円

　　　　　　　　　　合計　1,440万円

これによりますと、姉の相続で720万円、妹の相続で同額の720万円節税になっています。合計すると1,440万円の節税です。自宅の敷地を交換するだけでこれだけの節税になるのです。

720万円　＋　720万円　＝　1,440万円の節税

なお、小規模宅地としての評価減の適用面積は日本全国一律330㎡です(自宅敷地の場合)。これはどういうことかというと地価の高い都心であっても地価の安い地方都市であっても適用面積は同じだということです。

この事例ではA土地の路線価を25万円／㎡(6,000万円÷240㎡)、B土地の路線価を18.75万円／㎡(6,000万円÷320㎡)と想定しましたが、これより高い路線価の土地であるとか他の財産が多く高い税率が適用される場合には、より多くの節税効果が期待できます。

ところで交換する場合には一定のコストがかかります。具体的には登録免許税と不動産取得税が課税されるのですが、土地の評価額が6,000万円の場合で計算すると次のように合計で一人当たり105万円となります。それなりにコストはかかりますが、節税額が一人当たり720万円にもなりますので検討の余地は十分にあります。

図表15

＜交換を実行する場合のコスト＞

…… 土地の評価額がそれぞれ6,000万円のケース ……

A土地（姉が取得）

○交換で取得する土地の評価額
　6,000万円 × 1/2（持分）＝ 3,000万円

○登録免許税
　3,000万円 × 2％ ＝ 60万円

○不動産取得税
　3,000万円 × 1/2 × 3％ ＝ 45万円

　　　　　　　　　　　　　　　105万円

B土地（妹が取得） … A土地と同額

※不動産取得税については課税標準（税率を掛ける対象となる金額）は固定資産税評価額の2分の1です。

　以上、交換に関して比較的詳しく解説してきましたが、ご理解いただけたでしょうか？
　共有の状況というのは個々の事情によってそれぞれ異なりますし、交換の適用要件をどのようにクリアすればいいかについてはかなりの専門知識が要求されます。したがって実行する場合には事前に専門家とジックリと相談した上で行なうようにして下さい。

事前に相談を！

2　一つの土地を共有者で分割登記する方法

　次は１つの土地を共有者で分割登記するやり方について解説します。次の**図表16**をご覧下さい。左側のような共有になっている駐車場を、右のようにＣ－１土地とＣ－２土地に分筆するという事例です。

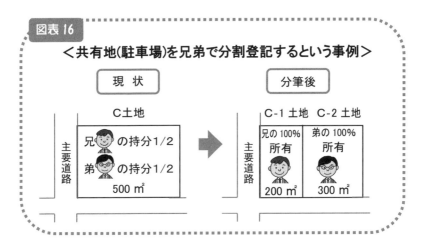

　このように土地を分筆してそれぞれの単独所有にすれば自分の思うように活用を図ることができるようになります。例えば兄は土地活用としてアパートを建てることもできますし、弟は売却するといったことが簡単にできるわけです。
　ところで、この図をよく見ますとＣ－１の土地は200㎡でＣ－２の土地は300㎡となっています。もともと２分の１ずつの共有だったわけですから、一見するとそれぞれ250㎡で分けるのが公平のような気がしますが、これは土地の利用価値を勘案した結果です。
　Ｃ－１の土地は主要道路に面していることと、二方路線に面していることからＣ－２の土地よりも利用価値が高いので、このように土地の面積で調整するわけです。

土地の利用価値が違うのに同じ面積で分割すると、差額について相手に贈与したものとして贈与税が課税されますのでご注意下さい。

　さて、この事例のように一つの土地を複数の土地に分割する場合には共有物分割(きょうゆうぶつぶんかつ)という登記手法を使います。

　この方法だと<u>登録免許税の税率が交換の場合の５分の１、つまり0.4％に軽減されます。また不動産取得税はかかりませんし、所得税の確定申告も不要、と良いことずくめ</u>です。

　このように、一つの共有地を複数の土地に分割登記する場合には、コストがほとんどかかりませんので、分割することで土地の使い勝手が悪くならないのであれば、できるだけ早い時期に実行しておいたほうがいいでしょう。

　ただし、上述したように等価でなければ差額が贈与税の対象になるということだけはシッカリと覚えておいて下さい。

等価の土地なら

＜交換と共有物分割の違い＞

項　目	交　換	共有物分割
土地の所在	離れている（※）	一つの土地
登録免許税	2％	0.4％
不動産取得税（※）	3％	非課税
所得税の申告	必要	不要

※離れている土地でも共有物分割の方法により分割登記できますが、税務の取り扱いは交換の場合と同じです。

※不動産取得税の課税標準（税率を掛ける対象となる金額）は固定資産税評価額の２分の１です。

第8章　共有不動産、こうして解消しなさい！

第3節 区分所有マンションを建て、持分に応じて取得する方法

　次は共有地に区分所有のマンションを建て、それぞれの持分に応じてマンションを取得するというやり方についてご紹介します。

　図表17をご覧下さい。幹線道路に面した駐車場の土地が描かれています。全部で800㎡ありますが、全て兄と妹の共有です。

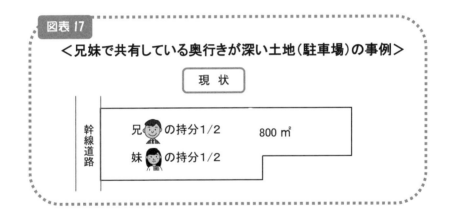

　これだけの広さであれば通常は前述した交換の特例とか共有物分割により土地を2つに分けた上で、それぞれが別々に活用します。
　ところが、この事例の土地は間口が狭く奥行きがあるので2つの土地に分けようとすると、うまく有効活用できない土地になってしまいます。
　そこで、このような土地の場合には仕方ないので土地は共有のままで区分所有マンションを建て、持分に応じて各自が建物を取得するという方法を考えてみました。次ページの**図表18**をご覧下さい。

257

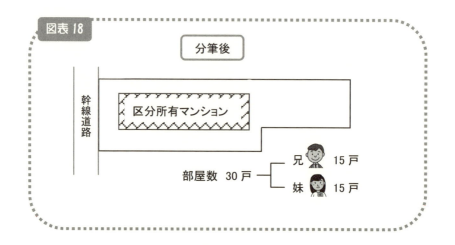

　全部で30戸のマンションが建てられるとすると、それぞれ15戸ずつ取得することになります。このように**区分所有マンションにしておけば、賃貸にすることも第三者に売却することもできます。また相続においては分割することも簡単にできます。**

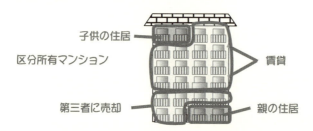

　なお、この方法は実際に土地オーナーに提案していたのですが、共有者に相続が発生したため中断しています。
　ところで別の件ですが、「**3年縛り(※)**」と称されていた節税封じ措置が発布されたとき、3年以内に相続が発生すると納税資金が足りなくなるので、区分登記にして一部の建物を第三者に売却できるようにと検討したことがあります。

この案件については最終的に生命保険に加入する方法で対応したのですが、区分登記にするこの方法はそれなりに汎用性がありますので一度検討してみて下さい。

　以上、長々と共有に関して様々な論点を解説してきましたが、少しは参考になったでしょうか？　今回ご紹介した以外にも面白い（？）ケースをいくつか経験しております。また別の機会にご紹介できればと思います。

> ※ 17ページでも少し触れましたが、「3年縛り」とは不動産を取得（新築または購入）してから3年間は取得価額で評価しなければならないというものです。したがって建物を新築するケースでは建物が完成してから3年以内に相続が発生した場合には取得価額（建築費等）で評価する必要があったのです（現在は廃止）。

厳しかったな

第9章

こんな手もある
貸地の解決法

戦後間もなく貸した土地がいくつかある。どうすれば解決するのだろう。

私の事務所のお客様にはアパマンオーナーとか駐車場オーナーが一番多いのですが、貸地を所有している方も結構います。

　30年以上も前から関与してきたところでは当初100件以上もあった貸地が、底地の売却とか借地権の買い戻し、底地と借地権の交換などの手法を繰り返し、現在では10件以下にまで減少してきた顧問先もあります。

　ところで貸地は一般に不良資産と言われているとおり様々な問題を抱えています。そこで、どうしたらそれらの難問を解決できるのかについて、一般的な方法だけでなく、少し変わった方法についても紹介したいと思います。参考にして下さい。

権利関係が複雑な土地は、子供達のため早めに解決してスッキリさせましょう！

第1節 こんなにある貸地の問題点

　不良資産の典型と言われて久しい貸地ですが、都市部ではまだまだ多くの貸地が残っています。そこで、まず最初に貸地がどうして不良資産と言われているのか、その理由、問題点から説明したいと思います。

1 収益性が低い！

　まず最初の理由、問題点は収益性に関してです。よく貸地は収益性が良くないと言われていますが、果たしてそれは事実なのでしょうか？以下、具体例を挙げて詳しく検証してみることとします。
　次の**図表19**をご覧下さい。若干、数値を変えてはいますが、当社のお客様の実際の収支データを基に作成したものです。

図表19

　　＜貸地の収支データ（実例を基に作成）＞

　土地の面積　・・・　180 ㎡
　地代収入　・・・・・　3万9,000円 × 12ヵ月 ＝ 46万8,000円
　固定資産税　・・・　15万2,000円
　差引収支　・・・・・　31万6,000円

このお客様の土地は駅近で場所も良く、面積も 180 ㎡あり戸建て住宅用地としては十分な広さです。

土地を貸し始めてから相当の期間が経過していますが、現在の月額地代は 3 万 9,000 円、年額では 46 万 8,000 円です。

そして、この土地の固定資産税は 15 万 2,000 円ですから、これを差し引くと、収支は 31 万 6,000 円となります。

さて、この事例の貸地は果たして収益性が低いのでしょうか？　これだけでは分かりませんよね。何か指標が欲しいところです。

こうした場合、**通常は地代収入の額を固定資産税の額で按分した倍率で良し悪しを判断します。**それでは早速、計算してみましょう。次の**図表20**をご覧下さい。

図表20

地代収入の固定資産税に対する倍率
　＝ 46 万 8,000 円 ÷ 15 万 2,000 円
　≒ 3.08 倍

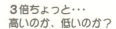

3 倍とチョットです。さて、この 3 倍チョットという倍率は世間相場と比較して高いのでしょうか、それとも低いのでしょうか？
一般的には 3 〜 4 倍が多いと言われていますので、一応範囲内ではあります。

ところで、このお客様はこの物件だけでなく、かなりの数の貸地を所有されていますが、それら全ての物件を平均すると、3.35 倍になりました。

したがって、先の物件は他の物件と比較すると若干収益性が劣っているということは言えます。

ただし、前回の更新時期からの経過年数は物件毎に違いますので、この倍率だけで判断することは危険です。

また、土地の固定資産税というのは、その時々の政策によって大幅に変更されることがあります。

ご存じのように平成6年度には、それまで公示価格の 20〜30％程度だった固定資産税評価額が一気に 70％まで引き上げられました。

もちろん負担調整措置により税額が急増することはありませんでしたが、それでも場所によってはかなりの増額になったわけです。

このようなことから固定資産税に対する倍率は一応の参考にはなりますが、それ以上のものではないのです。

ところで以上は土地の貸借関係がこれからも当分に間、続いていくことを前提にした議論です。

つまり世間相場よりも地代が低いのであればアップしてもらえる余地があるのでアクションを起こしましょう、という話です。

一方、ここで指摘している「収益性が低い」とか、この後で説明する「相続評価額が高い」、「流動性が低い」、「管理が大変」といった<u>様々な問題を抱えている土地の貸借関係というのは何らかの方法で早く終了させたほうが良いですよ、という話なのです。</u>

もし他の活用方法よりも「収益性が低く」、他のやり方と同等以上になるまでガンガンアップできるのであれば貸地のままでもいいのです。
　ところが貸地というのは借地借家法により簡単に値上げができない仕組みになっています。
　つまり**自分の所有する物件の地代だけが安いのであれば世間相場になるまでアップできるのですが、貸地の場合は借地借家法により世間相場以上にはアップできない**のです。

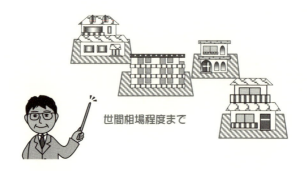

　そこで、もし貸地よりも収益性が高い活用方法が存在するのであれば、そちらに変更しましょうというわけです。
　そのためには他の方法を実行した場合の収支を詳細に計算した上で比較する必要があります。
　ここでは取りあえず月極駐車場とアパート経営で比較してみることにします。

月極駐車場のケース

　まず最初が月極駐車場のケースです。次ページの**図表21**をご覧下さい。

> **図表 21**
>
> **＜月極駐車場の場合の収支計算＞**
>
> 駐車台数 ‥‥ 7 台（1 台当たり約 25 ㎡で計算）
> 駐車場収入 ‥ 2 万 5,000 円 × 7 台 ＝ 17 万 5,000 円
> 年間収入 ‥‥ 17 万 5,000 円×12 ヵ月×90％(入居率)＝189 万円
> 固定資産税 ‥ 83 万 1,000 円（※）
> 差引収支 ‥‥ 105 万 9,000 円
>
>
>
> ※駐車場にすると非住宅用地ということで、固定資産税は 6 倍、都市計画税は 3 倍になります。ただし、急激に増税にならないように負担調整措置が取られます。つまり徐々にアップしていくということです。

　これは月極駐車場の場合の収支を計算したものです。まず駐車台数が何台とれるかですが、1 台当たり 25 ㎡とすると 7 台になります（180 ㎡÷25 ㎡＝7.2）。

　そして 1 台当たりの駐車料金を 2 万 5,000 円、入居率を 90％とすると年間の駐車場収入は 189 万円ですから、土地の固定資産税 83 万 1,000 円を控除すると差引収支は 105 万 9,000 円となります。

3.3 倍も！

　貸地の場合の収支が 31 万 6,000 円ですから、なんと 3.3 倍です。スゴイ差ですね。こんなに差があるのなら解約して駐車場にしたいところですが、果たしてこの判断は正しいのでしょうか？

　この計算はオカシイですよね。その理由は駐車場にするためには借地権を買い戻す必要がありますが、それを無視しているからです。

それでは借地権を買い戻すための資金を計算に織り込んだら正確に比較できるのでしょうか？

借地権を買い戻すということは完全所有権になるわけで、対策後は借地権部分だけ財産が増えることになります。

借地権部分が増える

収支が計算できたとしても所有することになる財産の額が違うのであれば比較のしようがありません。

このような場合には財産に対する収支の割合で比較するのです。

次の**図表 22** をご覧下さい。

図表 22

＜当該土地の相続評価額＞

路線価 ・・・・・・ 30 万円／㎡

更地評価額 ・・・ 30 万円 × 180 ㎡ ＝ 5,400 万円

借地権割合 ・・・ 70%

底地評価額 ・・・ 5,400 万円 ×（1－70%）＝ 1,620 万円

これは当該土地の相続評価額を計算したものです。まず、この土地の路線価を 30 万円とすると、面積が 180 ㎡あるので更地評価額は 5,400万円です。

そして借地権割合を 70%とすると、底地評価額は借地権を控除しますので 1,620 万円となります。

これで貸地の場合の相続評価額である底地評価額と、駐車場の場合の相続評価額である更地評価額が計算できました。

それでは次ページの**図表 23** をご覧下さい。

図表23

＜土地の相続評価額に対する収支の割合＞

	貸　地	駐車場
土地の相続評価額	1,620万円	5,400万円
収支	31万6,000円	105万9,000円
収支÷相続評価額	1.95%	1.96%

　これは土地の相続評価額に対するそれぞれの収支の割合を比較したものです。これを見ると、貸地の場合で1.95%、駐車場の場合で1.96%です。

　駐車場のほうが若干高いとはいえ、それほど大きな違いではありません。駐車場の場合にはアスファルト等にするためのコストがかかることを考慮すると、むしろ貸地のほうが有利である、と言えそうです。

　いかがですか？　収支の絶対額だけで判断すると駐車場のほうが圧倒的に有利なのですが、土地の相続評価額に対する割合で比較すると、ほとんど差がないことが分かりました。

　貸地というのは借地権が借地人に移っているので、地主の所有する財産はそれだけ減少しています。にもかかわらず、この事実を無視して収支の絶対額だけで比較しても意味がないのです。

アパートのケース

それでは次にアパートのケースで比較してみましょう。次の**図表24**をご覧下さい。

図表24

<アパートの場合の収支計算>

建築費 ……… 6,900 万円
年間家賃収入 ‥ 8 万円×8 戸×12 ヵ月×90％(入居率)＝691 万 2,000 円
借入金返済額 ‥ 273 万円(30 年返済、金利 1.2％)
諸経費 ……… 172 万 8,000 円(経費率 25％)
差引収支 …… 245 万 4,000 円(借入金返済終了後 518 万 4,000 円)

これはアパートを建てた場合の収支を計算したものです。アパートの場合には容積率によって賃貸可能面積が違ってきますが、ここでは 25 ㎡の部屋が 8 戸とれるものとしました。

そして 1 戸当たりの家賃が 8 万円とすると、年間の家賃収入は 691 万 2,000 円となります(入居率 90％の場合)。

次に借入金返済額ですが、返済期間を 30 年、金利を 1.2％とすると、年間の返済額は 273 万円となります。

また諸経費を家賃収入の 25％とすると、差引収支は 245 万 4,000 円です。なお、借入金返済終了後は 518 万 4,000 円となります。

それでは次ページの**図表25**をご覧下さい。

第9章 こんな手もある貸地の解決法

図表25

＜土地の相続評価額に対する収支の割合＞

	貸　地	駐車場	アパート
土地の相続評価額	1,620万円	5,400万円	5,400万円
収支	31万6,000円	105万9,000円	245万4,000円
収支÷相続評価額	1.95%	1.96%	4.54%

※アパートの場合、借入金返済終了後は518万4,000円、利回りは9.6％。

　これは土地の相続評価額に対するそれぞれの収支の割合を比較したものです。これを見ると、アパートの場合は4.54％なので他の方法の倍以上の利回りです。

　このようにアパートの場合には他の方法よりも収益性が高いのですが、その理由は土地を立体利用するため賃貸できる面積が広いからです。

土地を立体で利用

　貸地とか月極駐車場は原則、平面だけの賃貸ですが、アパートの場合には２階建てであれば賃貸面積は２倍になりますし３階建てであれば３倍の賃貸面積になります。

　ただし容積率とか建ぺい率の制約を受けますので単純に賃貸面積が２倍、３倍になるわけではありません。

　また家賃をそれほど高く設定できない地域では必ずしもこの理屈が当てはまるとは限りません。

　賃貸面積が広くても家賃の単価が低ければ収入から支出を差し引いた収支の額はそれほど増えないため結果として利回りは低くならざるを得ないからです。

いかがですか？　いずれにしても**貸地は収益性があまり良くない**ということがお分かりいただけたでしょうか？

ただし、これはあくまで一般論です。上述したように土地によっては必ずしもアパートが良いというわけではありません。一つの考え方を紹介しただけです。ご自分の所有する貸地をどうするのか、判断材料の一つにしていただければ幸いです。

2 相続評価額が高い！

次は貸地の場合、時価に比較して相続評価額がかなり高いので、相続税の負担が大きいという問題があります。

問題点①で解説したように、貸地の相続評価額は更地評価額に1から借地権割合を控除した割合（底地権割合）を掛けて求めます。

例えば更地評価額が1億円だとすると、底地評価額は次のように4,000万円となります。

<　更地評価額が1億円、借地権割合が60％の場合の底地評価額＞

1億円　×　（1−60％）　＝　1億円　×　40％　＝　4,000万円

底地評価額：40％

つまり税務上は常に借地権割合（60％）＋底地権割合（40％）＝1（100％）が成り立つことを前提にしているということです。

第 9 章　こんな手もある貸地の解決法

　ところで借地権割合は地域によってかなり差があります。30％の所があるかと思えば90％の所まであります。
　したがって底地権割合は 70％から 10％とかなり広範囲に亘るのですが、ここでは住宅地に比較的多い借地権割合が 60％（底地権割合が40％）を例にして説明することとします。

　因みに私の出身地である香川県に関して全ての地域の借地権割合を調べたところ（私も暇ですね）、中央通りというメイン通りに面した土地が 60％で、それ以外の土地は全て 50％でした。いくら全国で一番面積の狭い県だとしても何か拍子抜けします。
　隣の岡山県では 30％という地域があるのと比較すると、単調で変化に乏しい感じがするのは気のせいでしょうか？

なぜ相続評価額が高いと言えるのか？

　このように土地の所在場所によって底地権割合は異なるのですが、いずれも時価と比較して税務上の底地評価額はかなり高いと思います。どうしてそう言えるのでしょうか？
　それは簡単です。こんな値段で底地を買う人はほとんどいないからです。もし買う人がいるとすると、それは借地人だけです。借地人の場合には底地を買うことによって完全所有権となり、様々なメリットを享受できます。

例えば売却しようと思えば誰にも文句を言われずにできますし、完全所有権になりますので銀行の担保価値も上がります。また、いつでも有効活用を図ることができます。

このように借地人にだけは税務上の底地評価額で売却できる可能性があるのですが、そうした場合に成立する価格は不動産鑑定上、**限定価格**（げんていかかく）と言って、通常の価格よりも高くなります。

ところで相続税法上、財産の評価は「時価」によるものとし、「時価とは不特定多数の当事者間で自由な取引が行なわれる場合に通常成立すると認められる価額をいう」とされています。

ところが上述したように、底地の売買取引は「不特定多数の当事者間」で行なわれる取引ではありません。

それにもかかわらず限定価格で評価しなさいというのは論理上、矛盾しているのです。

時価と比較して相続評価額はどれほど高いのか？

このように底地というのは借地人しか購入するメリットがないので、それ以外の人は原則として買いません。

ところが例外があるのです。一般に底地買取業者と言っていますが、彼らは底地を購入してくれます。

どうしてデメリットとしか考えられない底地を買うかと言えば、購入した底地を借地人に転売して利益を得ようと考えるからです。

だからといって上述した底地評価額では絶対に買いません。これでは利益が出ませんし、借地人が購入してくれないというリスクだけを抱えることになるからです。

それではいくらなら購入してくれるかと言えば、もちろんケースによって違いますが、借地権割合が60％の土地の場合であれば更地評価額の10％〜15％程度でしょう。

　借地権割合が60％の土地ということは底地権割合が40％ですから、購入価格は相続評価額の半分以下です。

　このように底地については時価と比較してかなり高く評価されているのです。収益性は良くないのに相続税だけはガッチリ取られるというわけです。

③ 流動性が低い！

　問題点②で説明したように、貸地(底地)というのは基本的に借地人にしか相続評価額で売却できません。底地買取業者でも売却は可能ですが、売買価格は相続評価額の半分にもなりません。

　このように貸地というのは売却が非常に難しい資産、つまり流動性が低い資産だということです。これが3つ目の問題点です。

④ 管理が大変！

　最後に、いったん土地の貸借関係がスタートしますと次のような様々な業務が発生するという問題点もあります。

＜土地の貸借関係がスタートしたら発生する様々な業務＞

①地代の授受	通常は毎月地代の授受がありますので、こうした業務が何十年にも亘って延々と続きます。
②地代の改定	固定資産税がアップしたら地代の値上げをお願いすることになりますが、自分でやろうとすると何となく気が重くなりませんか？
③契約の更新と更新料の授受	更新時期になると契約を更新することになりますが、更新料をいくらにするかで悩んでしまいます。
④建物の建て替えと承諾料の授受	建物が古くなると建て替えをするのが一般的ですが、地主としては建て替え承諾料をいくらにすべきか、これまた気が滅入ります。
⑤地主または借地人の相続手続き	地主または借地人に相続が発生すると、その手続きが必要となります。

地代の授受　　　　　建物の建て替えと承諾料の授受
地代の改定
契約の更新と更新料の授受　　　地主または借地人の相続手続き

　このように、いったん土地の貸借関係がスタートしますと、地主側、借地人側いずれもかなりの時間とエネルギーを要することになります。

それでも相互の関係がうまくいっている間は特に問題ありません。ところが長い間には様々な出来事が発生するもの。

資金繰りの関係で地代が滞納になることもあるでしょう。こんなとき、グッと我慢できればいいのですが、チョットした一言が訴訟沙汰になることも。

チョットした一言が…

私の関与先でも延々と訴訟が続いているところがいくつもあります。地主側からすると貸す時に権利金を貰ったわけでもないのに、底地権よりも強い借地権を主張して来るのですからたまりません。

一方の借地人としても自分のお金でマイホームを建てているので、おいそれと引き下がるわけにはいきません。

やっと建てたので…

こうしたことから借地問題の解決には時間を要することが多いのですが、お互いがいがみ合っている状態は決して望ましいことではありません。

次ページ以降で様々な解決方法をご紹介しておりますので、ご参考にして下さい。

第2節 貸地の解決、よくある5つの方法

　第1節で解説したように貸地の状態というのは地主、借地人いずれにとってもいろいろと問題ですし、このままでは相続によってますます所有関係が複雑になり解決するのが困難になってきます。
　そこで、この節ではこうした貸地の状態を解決させるためによく行なわれている5つの方法と、実行に当たっての注意点についてまとめておきましたので、ご参考にして下さい。

1　借地人に底地を買い取ってもらうという方法

　まず最初が借地人に底地を買い取ってもらうという方法です。

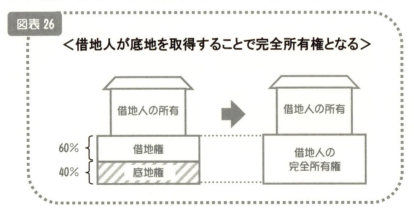

図表26　＜借地人が底地を取得することで完全所有権となる＞

　地主さんにとって底地というのは収益性がそれほど良くない上に相続評価額が高いという問題を抱えています。また流動性が極めて悪く、管理も大変です。もし借地人に買い取ってもらえれば、これらの諸問題が一気に解決できるというわけです。

また売却代金を相続税の納税資金としたり、遺産分割あるいは様々な対策を実行するための資金として活用することもできます。
　一方の借地人にとっても完全所有権になれば様々なメリットを享受できます。例えば、資産価値がアップするので資金調達が容易になるとか、地代や更新料、あるいは建て替える場合の地主の承諾料が不要になる、等々です。

<この方法のメリット・デメリット>

	メリット	デメリット
地主側	・流動性の良くない底地を売却することで一気に現金化できる。 ・売却代金を相続税の納税とか遺産分割の資金として、あるいは何らかの相続対策資金として活用できる。 ・大変だった管理の手間から解放される。	・売却した分だけ所有地が減少する。 ・地代収入とか更新料収入が入らなくなる。
借地人側	・完全所有権となるので資産価値がアップする。 ・地代とか更新料、建て替えの場合の地主の承諾料が不要になる。	・底地の買取資金にこれから支払うことになる土地の固定資産税の額を足すと、地代とか更新料、承諾料等の合計額よりも多くなる。したがって、それだけ資金繰りが窮屈になる。

　このように借地人に底地を買い取ってもらえれば両者にとって様々なメリットが期待できるのですが、それではいくらで売買すればいいのでしょうか？

これについてはやはり底地の相続評価額が一つの目安となるでしょう。ただし相続評価額はあくまで相続とか贈与の場合の課税価格を算定することが目的ですから、売買の場合には公示価格に割り戻すことになろうかと思います。

例えば更地評価額が1億円、借地権割合が60％の場合の底地評価額は4,000万円ですが、これを0.8で逆算するのです（時価の目安とされる公示価格の約80％を相続評価額としているため）。そうしますと次のように5,000万円となります。

> ＜底地の売買価格（公示価格）の算定＞
> ＝ 4,000万円 ÷ 0.8 ＝ 5,000万円

このように、当事者間での売買価格は5,000万円というのが一つの目安ですが、底地買取業者に売却しようとすれば、おそらく2,000万円にもならないでしょう。したがって、それとの兼ね合いから妥協点を見つけることになろうかと思います。

なお、交渉を切り出すタイミングとしては更新の時とか地代改定の申し出をする時、あるいは建て替えの申し出があった時などがお勧めです。

相続が発生した直後はできるだけ避けるべきでしょう。足元を見られる可能性が高いからです。何事も将来を見越して計画的にやることが成功するビジネスの基本です。

なお、こうした交渉が難しいと感じられたら専門の業者がいますので、そういった方にお願いするのも一つの方法です。

❷ 地主が借地権を買い戻すという方法

次に①とは逆のやり方、つまり地主が借地人から借地権を買い戻すという方法について解説します。

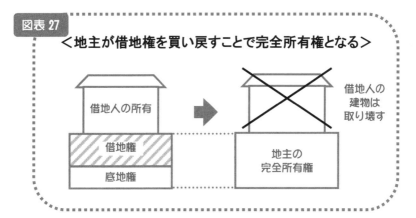

図表27 ＜地主が借地権を買い戻すことで完全所有権となる＞

この方法はどちらかと言えば借地人の側の事情から行なわれるケースが多いと思います。例えば次のようなケースです。

＜借地権を買い戻すことになる具体的事例＞

①親が住んでいた借地権付き住宅を相続したが、既にマイホームを所有しているケース

②借地権付き住宅に住んでいたが、老人ホーム等に住み替えるケース

③借地権付き住宅に住んでいたサラリーマンが、転勤しなければならなくなったケース

④古くて広い戸建て住宅よりも、都心にある便利で新しいマンション生活を希望するケース

⑤土地を借りてアパート経営をしていたが、収益悪化のため経営を止めるケース etc.

この事例のとおり、何らかの理由で借地人側から地主に借地権を買い取ってもらいたいというケースは実際上あるものです。
　そうした場合にはできるだけ買い戻すべきです。買い戻せば完全所有権となりますので、土地活用をすることもできますし第三者に売却することもできるからです。買取資金が不足する場合には銀行から借金すればいいのです。

<この方法のメリット・デメリット>

	メリット	デメリット
地主側	・完全所有権になるので資産価値がアップする。 ・買い戻した土地については有効活用を図ったり、第三者に売却することも可能。 ・借地人からの申し出なので通常よりも安く購入できる可能性が高い。	・買い戻すための資金が必要。 ・有効活用できない土地であるとか、売却が難しい土地の場合には資金の無駄となる。
借地人側	・不要になった住宅を現金化できる。 ・底地買取業者よりも高く売却できる可能性がある。 ・売却代金を住み替えの資金に充当できる。	・思ったような価格で売却できない可能性がある。

　デメリットに注意しさえすれば、このように借地権を地主に買い取ってもらうことで様々な問題が一気に解決するわけですが、この場合の売買価格はどの程度になるのでしょうか?

第9章　こんな手もある貸地の解決法

　これについてはそれこそ千差万別でしょうが、底地買取業者の提示する価格よりも通常は高くなると思います。もし、それと同等以下なら業者に売却するほうがビジネスライクに処理できる分、気が楽だからです。
　なお、交渉を切り出すタイミングとしては借地人から申し出があった時以外に、更新の時期であるとか地代の改定をお願いする時がお勧めです。
　また数多くの貸地を所有しているケースでは、専門業者に依頼して短期間に買い取っていくということも考えられます。これについては第3節の「こんな手もある底地の解決方法」で説明します。

3　底地と借地権を共同で売却するという方法

次は借地人と一緒になって共同で第三者に売却するという方法です。

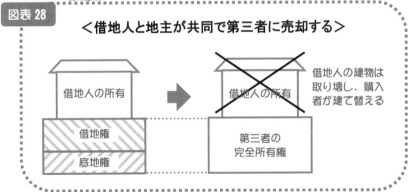

図表28　＜借地人と地主が共同で第三者に売却する＞

借地人の建物は取り壊し、購入者が建て替える

　何らかの事情で地主側も借地人側も売却して資金化したいと考えていることがありますが、そうしたタイミングが合えばできるだけ実行すべきです。

底地と借地権を一緒に売却する場合には、購入する側からすると完全所有権になりますので特に安くする必要がないからです。つまり市場価格で売却できるということです。

ところで、この方法は地主、借地人とも第三者に不動産を売却するだけですから、いずれも資金を必要としません。

前述した「①借地人に底地を買い取ってもらうという方法」であるとか、「②地主が借地権を買い戻すという方法」はいずれもどちらかに購入するための資金が必要になります。

したがって、この方法はタイミングさえ合えば比較的スムーズに実行できるというメリットがあります。

＜この方法のメリット・デメリット＞

	メリット	デメリット
地主側	・収益性の低い底地を売却することで一気に現金化できる。 ・売却代金を相続税の納税とか遺産分割の資金として、あるいは何らかの相続対策資金として活用できる。 ・大変だった管理の手間から解放される。	・売却した分だけ所有地が減少する。 ・地代収入とか更新料収入が入らなくなる。
借地人側	・不要になった住宅を現金化できる。 ・買取専門業者よりも高く売却可能。 ・売却代金を住み替えの資金に充当できる。	・特になし。

問題は地主と借地人がどうやってそれぞれの意思を確認するかです。多くの貸地を所有している地主の場合は一般的に何らかの方法で貸借関係を整理したいと考えていると思います。収益性が低い上に相続税が重くのしかかっているからです。
　そして、この場合の解決方法について地主は、特に不利でなければどんな方法でもいいと考えているのではないでしょうか？　ここで説明している共同売却などは、比較的良い方法ではないかと思います。

　ところが一方の借地人側は「②地主が借地権を買い戻すという方法」で説明したような実際上の必要性がなければ、このままでもいいと考えている人が多いと思われます。
　それに加えて借地人の側から共同売却の話を持ち出すというのもおかしな話ですし、手放す動機を地主に知られると安く買いたたかれそうで躊躇することもあるのではないでしょうか。

　そこで借地人との関係が悪くないのであれば地主側から何らかの機会を設けて、これから将来のライフプランについて話し合われるというのはいかがでしょうか？
　例えば、家族に迷惑をかけたくないのであれば老人ホームは打って付けだとか、建物がかなり古くなっているのであれば建て替えるよりもマンション生活のほうが何かと便利そうだとか、やんわりと吹聴（？）するのです。

この場合、**借地権を買い戻すという選択肢だけでなく、共同で売却することを提案したほうがいいでしょう。**

　買い戻すだけの提案であれば買い叩かれるのではないかと疑心暗鬼になる可能性があるのですが、第三者に共同で売却するならそうした恐れは基本的にないからです。

　ところで第三者に売却する場合、売却代金はどのように按分すればいいのでしょうか？
　例えば借地権割合が60％の土地の場合で考えてみたいと思います。もし、税務上の借地権割合どおりに按分するとなると、借地人に60％、地主に40％渡すことになります。
　これについては私の経験上、実際には**半々というのが多い**ような気がします。二人で山分けといったところでしょうか？　もちろん決まりがあるわけではありませんので、どのように分けようと勝手です。

　ただし、地主と借地人が同族関係者である場合には特に注意しなければなりません。相手側に利益を与えたとして贈与税が課税される可能性があるからです。
共同売却のケースではやはり税務上の借地権割合で分けるのが無難だと思います。

地主と借地人が同族関係者の場合には注意を！

　ところで共同売却ではなく、いったん地主が借地権を買い戻し、しばらく経ってから売却するというケースもあります。

こうしたときに税務上注意しなければならない点があります。それは**譲渡所得税を計算する場合、底地部分と借地権部分を分ける必要がある**ということです。

どういうことかと言うと、底地部分は以前から所有していたわけですから長期所有になりますが、借地権部分は短期所有になるからです。

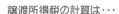

ご承知のように長期所有と短期所有では税率が異なります。5年超所有の長期所有の場合は住民税と合わせて20％ですが、短期所有の場合には39％です。ほぼ倍の税率になります。

ただし借地権部分については比較的短期間に売却することになるので、譲渡所得そのものがそれほど多くは発生しないとは思いますが…。

いずれにしても、こういった違いがあるということだけは覚えておいて下さい。

<税率が異なる底地部分と借地権部分>

	底地部分	借地権部分
所得の分類	長期譲渡所得	短期譲渡所得
税　率	20％	39％

※別途、復興特別所得税がかかります。

④ 底地と借地権を等価交換するという方法

次は底地と借地権を等価交換するという方法です。これは比較的土地が広い場合に、底地と借地権を交換して、それぞれが完全所有権を手に入れるというものです。次の**図表 29** をご覧下さい。

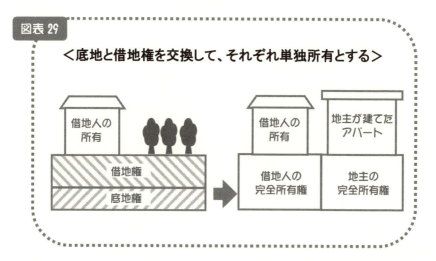

左側のような土地を右側のような土地として、それぞれが単独所有にするというものです。

この方法はある程度、土地が広くないと成り立ちませんが、交換によって単独所有になりますので、両者にとって非常にメリットの高い方法だと言えます。

借地人にとっては資金負担なく完全所有権を取得できますし、地主にとっても同じく資金負担なく完全所有権を取得できるからです。

この方法はお互いに十分なメリットがありますので、いずれから申し出てもソンするということは基本的にありません。

第9章 こんな手もある貸地の解決法

<この方法のメリット・デメリット>

	メリット	デメリット
地主側	・資金負担なく完全所有権を取得できる。 ・買い戻した土地については有効活用を図れる。また第三者に売却することも可能。 ・「交換の特例」を使えば譲渡所得税はかからない。	・交換で渡した分だけ所有地が減少する。 ・ある程度の広さがないと実行できない。
借地人側	・資金負担なく完全所有権を取得できる。 ・土地は狭くなるが、地代の支払がなくなる。 ・「交換の特例」を使えば譲渡所得税はかからない。	・土地の上に建物がある場合は不可。曳家(ひきや)(※)するか建て替え時期に合わせて実行することになる。

※「曳家」とは、建物を解体せずにそのまま他の場所に水平移動させることです。

両者ともメリットが高い

⑤ 貸地を底地買取業者に売却するという方法

　最後は複数の貸地を一気に底地買取業者に売却するという方法です。272ページで説明したように、底地の相続評価額は時価よりもかなり高く評価されています。そこで生前に時価で底地を売却してしまおうというわけです。こうすることで相続税を安くできますし、売却資金を有効に活用することもできます。

　ただし、この方法で底地買取業者に売却する場合には借地人に売却するよりもかなり安くなります。したがって、<u>できれば生前に少しずつでも何らかの対策を実行されることをお勧めいたします。</u>

　なお、この方法は生前に行なうほうがメリットが高いのですが、場合によっては相続後に行なうこともあります。

　例えば、相続人が女性のみで不動産については全く興味がないというケースです。

興味ないわ

　また、たとえ相続人に男性がいても自宅と物件の所在場所がかなり離れており、かつサラリーマンで忙しくしているようなケースです。

図表30　＜貸地を底地買取業者に売却
　　　　　→その業者は底地を借地人に売却＞

複数の底地を底地買取業者に一気に売却。その後、その業者は底地を少しずつそれぞれの借地人に売却します。

借地人の所有／借地権／底地権　→　借地人の所有／借地権／底地権（底地買取業者に売却）　→　借地人の所有／借地人の完全所有権（底地を借地人に売却）

<この方法のメリット・デメリット>

	メリット	デメリット
地主側	・売却することで相続税がかなり安くなる。 ・売却代金を相続税の納税とか遺産分割の資金として、あるいは何らかの相続対策資金として活用できる。 ・大変だった管理の手間から解放される。	・借地人に売却できれば、もう少し高くなる。 ・所有する不動産の件数が極端に減少する、あるいは不動産オーナーでなくなる。 ・地代収入とか更新料収入が入らなくなる。
借地人側	・底地を取得すれば完全所有権となるので資産価値がアップする。 ・地代とか更新料、建て替えの場合の地主の承諾料が不要になる。	・底地の買取資金にこれから支払うことになる土地の固定資産税の額を足すと、地代とか更新料、承諾料等の合計額よりも多くなる。したがって、それだけ資金繰りが窮屈になる。

　以上、土地の貸借関係を終了させるために一般的に行なわれている方法について5つほど紹介させていただきました。

　次の節では少し変わった方法について、2つほど具体例を挙げてご紹介いたします。

第3節 こんな手もある貸地の解決法

前節では貸地の整理について一般的な方法を紹介したのですが、ここでは応用編ということで、少し変わったやり方をご紹介します。

1 借地人がマイホームを建てて住んでいるケース

まず最初が借地上にマイホームを建てて住んでいるケースです。次の**図表31**をご覧下さい。

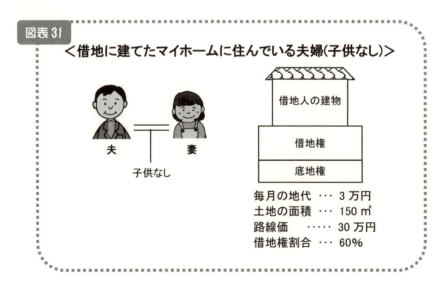

図表31 ＜借地に建てたマイホームに住んでいる夫婦（子供なし）＞

夫 — 妻
子供なし

借地人の建物
借地権
底地権

毎月の地代 … 3万円
土地の面積 … 150㎡
路線価　　… 30万円
借地権割合 … 60%

この夫婦（借地人）には兄弟はいますが、子供がいません。それが理由で財産を残しても仕方ないと考えているとします。

こうした状況において地主側から次のような提案があったとしたら借地人はどう思うでしょうか？

> **図表32**
>
> **＜地主側から借地人に対する提案＞**
>
> ①借地権および建物代として今すぐに2,000万円お支払いたします。
>
>   借地権代 … 30万円 × 150㎡ × 30% ＝ 1,350万円
>   （借地権割合の半分）
>   建物代 ……   650万円
>   ─────────────
>   合計   2,000万円
>
> ②夫婦2人が亡くなるまで家賃はタダで住み続けることができます。

　要するに今すぐ借地権と建物をすべて買い取り、ご夫婦二人が亡くなるまで家賃を払わずに住み続けることができるという提案です。

　本来であれば借地権代は2,700万円（30万円×150㎡×60％）ですから、1,350万円は丁度半分です。建物代650万円と合わせると2,000万円となります。

　もし、この提案を受け入れなければ地代として毎月3万円を払い続けなければなりませんが、この提案を受け入れれば逆に一時金として2,000万円貰えます。

　そして夫婦両方が亡くなるまで家賃を払わないで住み続けることができるという提案です。

　いかがですか？　もし私が借地人の立場で、その家に住み続ける予定なら間違いなく提案を受けると思います。

　地代を払わないで済みますし、逆に一時金を貰えるので生活に余裕が生まれるからです。

　それでは一方の地主にとって、この案はどう評価できるでしょうか？

借地権を取り戻しても借地人の夫婦が亡くなるまでは土地を有効活用できませんし、第三者に売却することもできません。また地代も入らなくなります。

　したがって資金的余裕がなければ難しいでしょうが、借地権を確実に取り戻すことができますし、借地人からも感謝されると思いますのでお勧めいたします。

　なお、この方法は机上の空論ではなく、私の知っている地主さんが実際に行なっている実例です。

30年間の収支比較

（単位:万円）

項目		現状		変更後	
		地主側	借地人側	地主側	借地人側
期間損益	受取地代	1,080		0	
	支払地代		△1,080		0
	土地の固定資産税	△360		△360	
	建物の固定資産税		△360	△360	0
一時金	借地権代	△2,700	2,700	△1,350	1,350
	建物代			△650	650
差引		△1,980	1,260	△2,720	2,000

注1．土地と建物の固定資産税は月額1万円で計算しています。以下、同じ。
　2．厳密には建物の解体費などを細かく計算して大きく損しないようにします。

20年間の収支比較

（単位:万円）

項目		現状		変更後	
		地主側	借地人側	地主側	借地人側
期間損益	受取地代	720		0	
	支払地代		△720		0
	土地の固定資産税	△240		△240	
	建物の固定資産税		△240	△240	0
一時金	借地権代	△2,700	2,700	△1,350	1,350
	建物代			△650	650
差引		△2,220	1,740	△2,480	2,000

10年間の収支比較

（単位:万円）

項目		現状		変更後	
		地主側	借地人側	地主側	借地人側
期間損益	受取地代	360		0	
	支払地代		△360		0
	土地の固定資産税	△120		△120	
	建物の固定資産税		△120	△120	0
一時金	借地権代	△2,700	2,700	△1,350	1,350
	建物代			△650	650
差引		△2,460	2,220	△2,240	2,000

左の表は借地人夫婦が亡くなるまでの収支を一定の仮定のもとに非常に簡略化して相互に比較したものです。実際に条件提示する場合にはジックリと損得計算をした上で実行することになります。ここではだいたいのニュアンスを掴んでいただければ幸いです。

<この方法のメリット・デメリット>

	メリット	デメリット
地主側	・借地権を安く確実に取り戻すことができる。 ・借地人にとってはメリットが高いので感謝される。	・借地権を取り戻しても当面は土地を活用できない。 ・地代も入らなくなるので、資金的に余裕がないと難しい。
借地人側	・たとえ借地権の売却価格が通常の半分だとしても生活に余裕ができる。 ・地代も払わなくていい。 ・亡くなるまで住み続けることができる。	・特になし。

資金的に余裕があれば！

2 マンションを建てる予定だが、立ち退きを拒否されているケース

次は、広い土地の一部に借地人が建物を建てて自宅兼店舗にしているケースです。次の**図表 33** をご覧下さい。

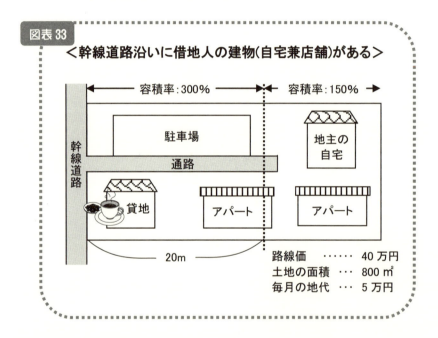

幹線道路沿いに貸地があり、それ以外の土地には駐車場、アパート、自宅などが点在しています。

ところで、この土地の容積率ですが、幹線道路から 20 メートルまでは 300％、それより奥は 150％となっています。

こうした状況において、どのような土地活用が考えられるでしょうか？ この土地は幹線道路に面していることから路線価が高く、かなりの相続税がかかります。なお最寄駅から近いので、入居者はすぐに見つけられるものとします。

第9章　こんな手もある貸地の解決法

土地活用プラン① 駐車場にアパートなどを建設する

まず最初が駐車スペースに小規模なアパートか賃貸マンションを建設するというものです。

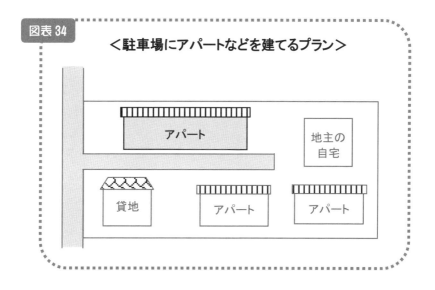

図表34　＜駐車場にアパートなどを建てるプラン＞

相続税の納税は!?

業者に依頼するとすぐにプランを作ってくるでしょうが、こんな所にアパートなんか建てると、どうやって相続税を納税するのですか、と言いたくなります。

相続税がそれほどかからず何らかの方法で納税できるのならまだしも、そうでないなら安易にアパートなどは建てるべきではありません。

297

土地活用プラン②　貸地以外の土地にマンションを建設する

　次に考えられるのが、貸地以外の土地にマンションを建てるというものです。

　この場合、オーナーの自宅は残すというプランも考えられます。

　ただし、その場合には自宅まで最低2メートル幅の通路を設ける必要がありますので(敷地延長)、活用できる土地が極端に狭くなってしまいます。

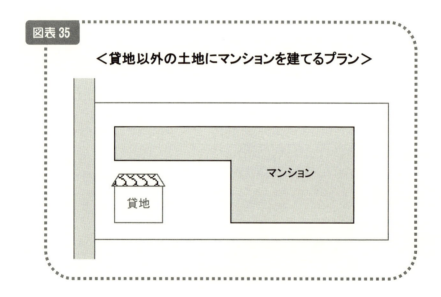

図表35　＜貸地以外の土地にマンションを建てるプラン＞

　このプラン②では前記①よりも建物の規模は大きくなりますが、それでも幹線道路沿いに面した所に借地人の建物が存在しているため、思ったほどの規模にならないことが多いようです。

思ったほど大きいのは建たないなあ

第9章　こんな手もある貸地の解決法

土地活用プラン③　全体の土地にマンションを建設する
　　　　　　　　　　　　　…借地権を買い戻す

　次に考えられるのが、全ての建物を取り壊して、できるだけ規模の大きい建物を建てるというプランです。
　借地人には、それ相応の立ち退き料と営業補償料を支払います。

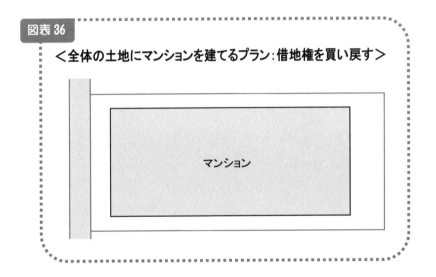

図表36 ＜全体の土地にマンションを建てるプラン：借地権を買い戻す＞

　理想を言えば、このプランが一番良いのですが、十分な立ち退き料と営業補償料を支払っても立ち退いてくれないことがあります。そうした場合に登場するのが次のプラン④です。

十分に支払っても
立ち退いてくれない

土地活用プラン④ 全体の土地にマンションを建設する

…マンション内に借地人の自宅と店舗を設置する

　最後が、マンション内に借地人の自宅と店舗を設置するというものです。プラン③のように借地人が立ち退きに同意してくれない場合に提案します。

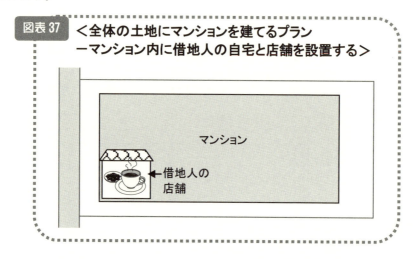

図表37　＜全体の土地にマンションを建てるプラン
　　　　　－マンション内に借地人の自宅と店舗を設置する＞

　このプランの場合には借地人に次のような提案をします。

＜借地人に対する提案＞

①借地権代および営業補償金代として3,000万円お支払いたします。

　　借地権代　…　40万円　×　150㎡　×　35%　＝　2,100万円
　　　　　　　　　　　　　　　（借地権割合の半分）
　　営業補償金代　……………　　　　　　　　　900万円
　　　　　　　　　　　　　　　　合計　3,000万円

②夫婦2人が亡くなるまで家賃はタダで使用し続けることができます。

このプランは 292 ページで解説した借地人がマイホームを建てて住んでいるケースの応用編ということができます。

前のケースは借地人が建てた中古住宅に夫婦二人が亡くなるまで住み続けるというものですが、今回の事例はこれから新築するマンションに借地人も住むというところが異なります。

このように、そのときの状況に応じて柔軟に対応していくことになりますが、いずれのパターンを採用するかによって収支も相続税の節税効果も全く異なってきます。

特に土地活用の場合には借入金とか減価償却費の関係から、現時点と将来の数値に大きな違いが発生します。そこで、できれば現時点だけでなく将来の推移についても詳細にシミュレーションした上で実行するようにして下さい。

第10章

税務調査に来させない非常に簡単な2つの方法

ここに書いてあることをキッチリとやっておけば調査されない可能性が高いとのこと。シッカリと勉強しようではないか。

この章では相続税の税務調査に焦点を当てて解説しておきます。どなたにとってもイヤな税務調査、できれば調査対象から外されたいところでしょうが、皆様方はどのような申告書が税務調査の対象に選ばれやすいかご存じですか？

ここでは4つほど挙げておきましたが、大地主の場合には相続税が多額になるので一般的には調査の確率が高くなります。

それでもここで紹介する方法を実行するだけで調査対象として選ばれる確率が大幅に減少します。

それほど難しくありません。キッチリと理解した上でその時に備えましょう。

申告書の作成にはコツがあります。疑念を持たれないよう丁寧に説明した資料を添付することです。

こんな申告書が税務調査の対象になりやすい！

　相続税の申告書を提出しますと、しばらくして税務署から申告書の控えが送られてきます。そして申告書に不審があれば通常は翌年の8月～11月頃(ケースによっては翌々年の同時期)までに税務調査の連絡をして来ますが、何もなければ是認ということで一件落着です。

　税務調査　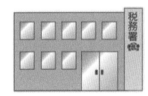

　この間、人によっては落ち着かない日々を過ごすことになります。たとえ自信のある申告書だったとしても税務調査というのはイヤなものです。できれば調査が無いに越したことはありません。
　ところで、どのような申告書が税務調査の対象に選ばれると思われますか？　税務署員も暇ではありませんので、できるだけ効率よく調査対象を選定しようとします。
　次の「**税務調査の対象に選ばれやすい相続税の申告書**」をご覧下さい。全部で4つほど挙げておきました。

税務調査の対象に選ばれやすい相続税の申告書

1 申告書に計算誤りや評価方法の間違いがある

　税理士に依頼していればそうしたことはほとんどありませんが、ご自身で作成している場合にはよくあるようです。

　相続税の申告書というのは所得税等と異なり、かなり複雑な構成になっています。したがって余程簡単な財産構成でない限り税理士に依頼されることをお勧めいたします。

　なお**申告書自体に間違いはなくても相続税申告書の作成に税理士が関与していないものは大半が税務調査の対象になるようです。**

2 洩れている財産がある

　これは財産として申告書に記載すべきであるにもかかわらず記載されていないケースです。

　相続税は税務署の資産税課という部署が担当していますが、そうした担当官とか会計事務所でも資産税に詳しい税理士は申告書を見ただけで比較的簡単に漏れとか間違いを見つけ出します。

3　亡くなる数年前から高額な預貯金の出し入れが多い

相続税の申告書が提出されますと、税務署は金融機関から残高だけでなく10年間ほどの資金移動の情報も入手します。そして、その中から贈与財産として申告すべきもの、相続財産して申告すべきもの等々を見つけ出すことになります。

貸金庫の使用料として引き出されている場合には何か大事なものが保管されているのではないかと勘繰られることもあります。

4　家族名義の預貯金が多額にある

専業主婦またはパートの配偶者、未成年の子供・孫であるにもかかわらず多額の預貯金がある場合で贈与税の申告がなされていないと調査される可能性が高いと言えるでしょう。

もちろん多額の持参金があったとか、実家の相続で多額の財産を取得した等の理由があればOKです。

要するに所有している財産の取得理由が明確であれば問題ないということです。

2 税務調査に来させない非常に簡単な2つの方法

上述したように税務調査の対象になりやすい申告書というものが実際に存在するわけですが、ある工夫をすることで、その可能性を著しく減らすことができます。

その方法とは「①税理士法第33条の2第1項に規定する書面を添付する」および「②預金通帳の入出金の内容を記載した書面を添付する」ことです。以下、簡単に解説しておきます。

①税理士法第33条の2第1項に規定する書面を添付する

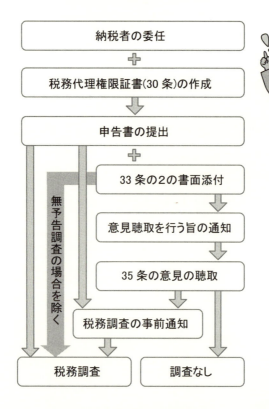

＜書面添付制度のフロー図＞

『税理士法第33条の2第1項に規定する書面』とは「税理士が申告書を作成するに当たって確認した書類」、「計算するに当たって注意した点」、「依頼人から受けた相談に対して返答した内容」などを詳細に記載する税務署指定の書式のことです。

こうした書面を添付することの一番大きなメリットは税務調査を大幅に減らすことができる点です。

書類を作成した税理士が行なった作業の詳細が記載されているわけですから、税務署としてはこの書類を読むだけで内容をほとんど理解することができます。

この書類があれば税務署員としても独自で収集した各種のデータの裏付けが取れるので、わざわざ調査に行く必要がないというわけです。

もちろん全ての疑問が氷解されるとは限りませんが、その場合でも、いきなり実地調査にはならず会計事務所に**「意見聴取を行う旨の通知」**が行くことになっています。

前ページの「書面添付制度のフロー図」をご覧下さい。「33条の2の書面添付」の次に「意見聴取を行う旨の通知」とあります。つまり書面を添付しておけば必ず「35条の意見の聴取」をしなければならない仕組みになっています。そして、この意見の聴取によって疑問が解けたら**「調査なし」**になるというわけです。

もちろん意見を聴取しても疑問が解けない場合には税務調査になりますが、その場合でも「**税務調査の事前通知**」の手続きがなされることになります。

　また縦書きで「**無予告調査※の場合を除く**」とありますが、こうした調査が入る場合でもそうなる理由を聞くなどして、いきなり税務調査になる事態を極力抑えることができます。

> ※**無予告調査**とは事前通知をすれば調査妨害等または帳簿書類の破棄・隠ぺい等が予想される場合に行なわれる調査のことです。

　このように書面を添付することで税務調査の可能性を大幅に減らすことができるにもかかわらず東京税理士会の **2015 年度「書面添付制度アンケート」**によると、実際に書面添付を実施している会計事務所は約20％（相続税だけでなく法人税、所得税を含む全体の平均）に過ぎません。

　そして添付していない一番の理由が「時間や労力がかかり煩雑（54.6％）」というものです。

　因みに私の事務所では余程簡単な申告内容でない限り、相続税に関しては原則として作成するようにしております。その結果、税務調査はほとんどありません。

　ご参考のために相続税に関する添付書面のサンプルを掲載しておきます。これは表紙ですが、こうした書類が通常は 6 〜 7 枚になります。

第10章 税務調査に来させない非常に簡単な2つの方法

税理士法第33条の2第1項に規定する添付書面　33の2①

受付印

平成○年○月○日
○○税務署長　殿

※整理番号

税理士又は税理士法人	氏名又は名称	税理士　　　　　　　　　　　印
	事務所の所在地	電話（　）○○○-○○○○

書面作成に係る税理士	氏名	税理士　　　　　　　　　　　印
	事務所の所在地	電話（　）○○○-○○○○
	所属税理士会	税理士会　○○支部　　登録番号　第○○○○○号

税務代理権限証書の提出	㊲（相続税）　・　無

依頼者	氏名又は名称	被相続人　○○○○　　相続人　○○○○
	住所又は事務所の所在地	電話（　）○○○-○○○○

私（当法人）が申告書を作成し、計算し、整理し、又は相談に応じた事項は、下記1～4に掲げる事項であります。

1 自ら作成記入した帳簿書類に記載されている事項

帳簿書類の名称	作成記入の基礎となった書類等
相続税申告書 土地・建物等の評価明細書 取引相場のない株式評価明細書一式 財産並びに債務の確認書	戸籍謄本、固定資産税評価額明細書、公図、住宅地図、預貯金残高証明書、借入金残高証明書、預貯金通帳、定期預金証書、生命保険金支払通知書、生命保険に係る解約返戻金証明書、損害保険解約返戻金証明書、葬式費用の利用請求明細書、各種租税公課通知書、遺産分割協議書、被相続人の履歴書、㈱○○の関係帳簿等（株主台帳、議事録、決算書、内訳書、法人税申告書）、土地家屋の賃貸借契約書、住民票、印鑑証明書

2 提示を受けた帳簿書類（備考欄の帳簿書類を除く。）に記載されている事項

帳簿書類の名称	備考
上記1の「作成の基礎となった書類等」の他、家族名義の預金通帳、株主名簿、被相続人の贈与税申告書、相続人の贈与税申告書、被相続人の生前の所得税確定申告書、死亡後の準確定申告書	

※事務処理欄	部門	業種	意見聴取連絡事績		事前通知等事績	
			年　月　日	税理士名	通知年月日	予定年月日

②預金通帳の入出金の内容を記載した書面を添付する

2つ目は預金通帳に記入されている入金・出金のうち金額の大きいものに関して、その取引の内容を記載した書面を申告書に添付するというものです。

307ページでも書きましたが、相続税の申告書が提出されますと、税務署は金融機関に照会して、預金残だけでなく10年間ほどの資金移動の情報も入手します。

下記の預金通帳のサンプルをご覧下さい。平成28年10月2日から12月15日までの入出金と残高が表示されています。

年月日	摘要	普通預金		
		お支払金額	お預かり金額	差引残高
				6,251,003
28.10.02	ガス　トウキョウガス	28,452		6,222,551
28.10.05	振込　カ)○○フドウサン		1,892,400	8,114,951
28.10.07	送金　サトウイチロウ	1,300,000		6,814,951
28.10.08	水道　スイドウキョク	10,819		6,804,132
28.10.15	年金　コクミンコウセイネンキン		442,041	7,246,173
28.10.21	現金引き出し	2,000,000		5,246,173
28.10.27	電気　トウキョウデンリョク	24,754		5,221,419
28.10.27	ローン	671,947		4,549,472
28.10.31	税金　コテイシサンゼイ	953,600		3,595,872
28.10.31	電話　○○○ ケイタイ	10,670		3,585,202
28.11.04	現金	150,000		3,435,202
28.11.04	ガス　トウキョウガス	27,450		3,407,752
28.11.05	振込　カ)○○フドウサン		2,004,100	5,411,852
28.11.17	振込　△△カサイ		345,600	5,757,452
28.11.27	電気　トウキョウデンリョク	23,560		5,733,892
28.11.27	ローン	671,947		5,061,945
28.12.01	電話　○○○ ケイタイ	23,425		5,038,520
28.12.02	ガス　トウキョウガス	26,740		5,011,780
28.12.04	振込　カ)○○フドウサン		1,994,300	7,006,080
28.12.08	カード	200,000		6,806,080
28.12.08	為替手数料　フリコミテスウリョウ	108		6,805,972
28.12.10	送金　カ)スズキコウムテン	1,000,000		5,805,972
28.12.13	現金引き出し	3,000,000		2,805,972
28.12.15	年金　コクミンコウセイネンキン		442,041	3,248,013

※平成28年12月15日に相続が発生したものとします。

これは預金通帳のサンプルですが、税務署が金融機関から取り寄せた情報も基本的にこれと同じです。

ところで税務署はこれらのデータを取り寄せて何をしようとしているかと言えば、贈与財産として申告すべきもの、相続財産して申告すべきものを見つけ出そうとしているのです。

この取引の中で何か引っかかりそうなものはありますか？　金額の小さいものは無視して結構です。金額の大きい取引でも10月5日とか11月5日の株式会社〇〇不動産から振り込まれたものは家賃でしょうから特に問題ありません。

それでは色付けした4つの支払はどうでしょうか？　何か臭いませんか？　疑問があれば調査するのが税務調査官の仕事ですから内容を確認すべく調査が行なわれるというわけです。

それではここで次ページの**「入出金の主な取引内容」**をご覧下さい。先程の4つの支払内容を書いたものです。

＜入出金の主な取引内容＞

	日付	金額	出入金	確認した内容
1	28.10.07	1,300,000	出金	長男一郎への事業資金の貸付
2	28.10.21	2,000,000	出金	医療費等の支払い
3	28.12.10	1,000,000	出金	自宅改修工事の支払い
4	28.12.13	3,000,000	出金	葬式費用の準備

以下、簡単に解説しておきます。

1	長男一郎に事業資金として貸し付けたものですから原則として相続財産に計上する必要があります。もし計上されてなければ修正申告になります。
2	医療費控除として準確定申告時に計上します。
3	通常は家事関連費として処理することになります。
4	葬式費用は相続後に支払うわけですから相続時点では現金として保有しているハズです。したがって相続財産として計上されてなければ修正申告になります。

　以上、極めて単純な例を挙げて説明したわけですが、もしこういった説明書を申告書に添付し、かつ前述した**『税理士法第33条の2第1項に規定する書面』**に顛末を記載して添付していたらどうでしょうか。

　税務署としても疑問が氷解したことになりますので調査の必要が無いわけです。

　ところで、こうした通帳のチェックは基本的に会計事務所が行ない、不明点につき相続人に問い合わせることになります。

相続人としては自分たちが支払ったものであれば内容を覚えているのでしょうが、亡くなった方が支払ったものについては分からないこともあります。

それでも内緒の支払いでなければ通常はある程度、察しが付くものです。なお、**通帳をチェックする期間ですが、できれば過去5年間は見ておきたいものです。**

いかがですか？ 相続税の税務調査というと、押し入れかどこかに現ナマを隠しているのを見つけることだ、といった印象をお持ちかも知れませんが、現実にはそういったことはほとんどありません。

本来であれば贈与税とか相続税の対象であるにもかかわらず、故意に、あるいは知らずに申告していなかったものを申告するよう指導することなのです。

税務調査というものはそのための手段なのであって決して隠している財産を見つけることが主眼ではありません。したがって上記で紹介したような方法で問題が解決するのであれば、わざわざ署員が調査に来たりしません。ただし、余りにも規模が大きい場合には全件調査される可能性が高くなります。

いずれにしても<u>不明点を無くすことが一番の税務調査対策だということをご理解いただければ幸いです。</u>

著者紹介

鹿谷哲也（しかたに・てつや）

㈱鹿谷総合研究所　代表取締役
公認会計士鹿谷会計事務所　所長
公認会計士・税理士

1952年　香川県生まれ。
1976年　慶應義塾大学商学部卒業。
1979年　公認会計士試験合格と同時に、国際会計事務所の一つであるプライス・ウォーターハウス会計事務所に入所。主に会計監査に従事する。
1982年　公認会計士辻会計事務所において、税務・商事法務の実務に携わる。
1984年　新日本証券調査センター経営研究所において、各種講演、相続・事業承継対策、資産運用、上場支援等を手がける。
1987年　㈱鹿谷総合研究所を設立。各種ソフトの開発、相続・事業承継対策、Ｍ＆Ａ等を主要な業務とする。
　　　　この間、高知大学の非常勤講師を務める。

著書『家主さん、地主さん、もっと勉強して下さい！』（新評論）
　　　『アパマン経営・節税テクニック　これがすべてです！』（新評論）
　　　『アパマンも法人経営の時代です！』（新評論）
　　　『自分で考えるＱ＆Ａアパート・マンション経営プラン』（ぎょうせい）他

〒113-0033　東京都文京区本郷3-19-7　本郷三宝ビル2F　　㈱鹿谷総合研究所
　TEL　03-5840-8063　　ホームページ　http://www.stgate.co.jp
　FAX　03-3818-0993　　Ｅメール　　　shikatani@stgate.co.jp

繁栄する大地主　衰退する大地主
　　　――節税プランの良し悪しと決断力の有無で大きく分かれます　　（検印廃止）

2017年2月25日　初版第1刷発行

著　者　鹿谷　哲也
発行者　武市　一幸
発行所　株式会社　新評論

〒169-0051　東京都新宿区西早稲田3-16-28
　　　　　　http://www.shinhyoron.co.jp

電話　03(3202)7391
ＦＡＸ　03(3202)5832
振替　00160-1-113487

落丁・乱丁はお取替えいたします。
定価はカバーに表示してあります。

本文デザイン　鹿谷真弓
印　刷　神谷印刷
製　本　中永製本所
装　幀　山田英春

©Tetsuya SHIKATANI 2017　　　　　　Printed in Japan
　　　　　　　　　　　　　　　　　　ISBN978-4-7948-1062-5　C0034

JCOPY　〈(社)出版者著作権管理機構 委託出版物〉
本書の無断複写は著作権法上での例外を除き禁じられています。複写される場合は、そのつど事前に、(社)出版者著作権管理機構（電話 03-3513-6969、FAX 03-3513-6979、E-mail: info@jcopy.or.jp）の許諾を得てください。